感谢四川中国西部社会发展研究院支持

马克思诞辰200周年纪念文库
The 200ᵗʰ Anniversary Books for Karl Marx

马克思经济学的现代系统范式

李 节 | 著

中央编译出版社
Central Compilation & Translation Press

图书在版编目（CIP）数据

马克思经济学的现代系统范式 /李节著. —北京：
中央编译出版社，2019.1
ISBN 978-7-5117-3558-4

Ⅰ. ①马…
Ⅱ. ①李…
Ⅲ. ①马克思主义政治经济学—研究
Ⅳ. ① F0-0

中国版本图书馆 CIP 数据核字（2018）第 265527 号

马克思经济学的现代系统范式

出 版 人：	葛海彦
责任编辑：	杜永明
责任印制：	刘　慧
出版发行：	中央编译出版社
地　　址：	北京西城区车公庄大街乙 5 号鸿儒大厦 B 座（100044）
电　　话：	（010）52612345（总编室）　　（010）52612339（编辑室） （010）52612316（发行部）　　（010）52612346（馆配部）
传　　真：	（010）66515838
经　　销：	全国新华书店
印　　刷：	三河市华东印刷有限公司
开　　本：	710 毫米×1000 毫米　1/16
字　　数：	190 千字
印　　张：	15
版　　次：	2019 年 1 月第 1 版
印　　次：	2019 年 1 月第 1 次印刷
定　　价：	78.00 元

网　　址：	www.cctphome.com	邮　箱：	cctp@cctphome.com
新浪微博：	@中央编译出版社	微　信：	中央编译出版社（ID: cctphome）
淘宝店铺：	中央编译出版社直销店（http://shop108367160.taobao.com）（010）55626985		

本社常年法律顾问：北京市吴栾赵阎律师事务所律师　闫军　梁勤
凡有印装质量问题，本社负责调换，电话：（010）55626985

前　言

　　改革开放以来，我国的马克思主义经济学研究表现出了多元化视角发展的态势。在马克思主义经济学与西方主流经济学之间，出现了与马克思主义经济学有交叉的多种分支，如制度经济学、演化经济学、生态经济学等，马克思主义经济学研究也在借鉴中逐步形成了一些学派，其中，马克思主义经济学向现代系统范式转化是一个可能的方向。

　　一般认为，系统科学发端于20世纪40年代贝塔朗菲（Ludwig von Bertalanffy）创立的理论生物学。70年代，随着晚年的贝塔朗菲提出系统哲学，以及一批系统哲学家的进一步拓展，古代系统思想、近代系统思想由此进入到成熟的现代系统范式阶段。范式即方法论。① 现代系统范式的出现拓展和丰富了自然科学方法论和哲学方法论，对20世纪下半叶自然科学及包括经济学在内的人文社会科学发展和研究产生了积极而重要的影响。学界甚至曾

---

① 库恩（Thomas Sammual Kuhn）在《科学革命的结构》中提出这一概念，后为社会科学广泛引用。库恩认为：符合以下两个特征的就是范式。一个是合理的问题，过去的科学把它们作为研究领域而获得了很大成就，给后来的实践者或研究者留下新的问题，能继续发挥和展开；另一个是与此相应的方法。可见，库恩所说的范式就是取得了成功的科学研究对象及方法。本文正是在此意义上使用这一概念的。（见［美］库恩：《科学革命的结构》，金吾伦、胡新和译，北京大学出版社2003年版，第9页）

用"系统运动"来形容这种影响①，这场"系统运动"的波及面非常广②。

受此推动，改革开放之初的中国学界原则性地、方向性地提出：为了进一步补充、完善和创新马克思主义经济学研究，应当吸取一些现代科学方法作为马克思主义经济学的辅助工具。其中，特别指出了基于运筹学、控制论、信息论、系统论等系统科学之上的现代科学方法。③

近年来，已经有现代系统范式运用于马克思主义经济学的研究，如有学者探索构建现代马克思主义经济学范式和马克思主义广义政治经济学④，但这里的前提是需要先论证和解决马克思经济学与现代系统范式的关系。毋庸讳言，包括笔者在内的研究在"我注马经"时，往往也在"马经注我"。因此，要尽可能地做到不离马克思的本义，就要依据经典文本先对两者做一比较，看马克思经济学的逻辑是否内在地、隐而未发地包含着现代系统范式。为此，本书所说的马克思经济学界定为马克思、恩格斯的经典文本和有关论著所表述的内容，不包含马克思和恩格斯之后的马克思主义理论者和实践者的有关内容。对马克思和恩格斯之后的马克思主义者的一些必要的引述，目的也是出于更好地去解读他们的经典文本。

马克思经济学向现代系统范式的转化，在研究对象和方法论上是尝试辩

---

① 朴昌根：《评当前哲学界的"系统热"》，载《复旦学报（社会科学版）》，1984 年第 4 期。
② 较有代表性的，如 20 世纪 80 年代中后期，金观涛用系统观解释中国封建社会的超稳定结构，乌杰提出系统辩证法，邓英淘的经济系统研究，1992 年沈华嵩提出经济系统自组织理论，1996 年昝廷全提出系统经济学等。
③ 曾启贤：《中国大百科全书·经济学卷》，中国大百科全书出版社 1988 年版，第 639 页。
④ 如，有学者应用系统科学第二时期即自组织理论时期的广义系统论，去解析资本主义经济系统的经济危机"比例失调论"，提出：利润率是资本主义经济系统中支配各子系统行为的"序参量"，"在一定情况下，资本主义经济系统是可以自发地达到有序状态的"。（见朱奎：《经济危机"比例失调论"的现代阐释——基于广义系统论视角》，载《学术月刊》，2012 年第 9 期）与有的学者把物质资料生产劳动、科学技术看成社会经济系统的"序参量"相比，两者观点有明显差异。可见，很有必要先照着马克思讲，再接着讲。

证唯物主义、唯物辩证法的现代科学化。本书的一部分内容曾以单篇文章的形式在一些学术刊物和网络上发表过。单篇文章是一个相对完整的小系统，不同的单篇文章因篇幅和论题所限，一篇文章里的主要观点在另一篇文章里只有极为简要的转换提示。而书是一个更大的相对完整的系统，因此，我对有关的衔接段落做了调整，也根据近几年来的学术进展做了一定的补充，有的内容与正式发表的文章略有出入。二到六章主要是依据马克思和恩格斯经典文本进行的解读，最后三章是选择了一些有代表性的问题或领域，对马克思经济学现代系统范式的应用做一尝试。

目 录

第一章 马克思经济学的现代系统范式——基于文献史的考察 …… 1
  第一节 系统存在思想：马克思经济学对象的系统整体性与层次性 …… 1
  第二节 系统控制思想：马克思经济学对象的系统控制性 …… 7
  第三节 系统演化思想：马克思经济学对象系统的自组织特征 …… 9
  第四节 研究评价及结语 …… 15

第二章 马克思经济学的现代系统范式开端 …… 18
  第一节 异化劳动：资本主义社会系统对抗性结构的批判与人的自然属性的提示 …… 19
  第二节 对象化劳动：劳动自然属性和放大功能的认识萌芽 …… 26
  第三节 异化劳动理论：马克思的社会系统学发端 …… 30

第三章 系统哲学与马克思主义哲学 …… 34
  第一节 现代西方哲学与马克思主义哲学 …… 36
  第二节 中国传统哲学与现代西方哲学的会通 …… 43
  第三节 现代西方哲学背景下的系统哲学与中国当代哲学 …… 49

第四节 系统哲学与马克思主义哲学会通的基本内涵 …………… 67

第四章 马克思经济学中的系统概念 …………………………… 78
第一节 经济制度理论中的系统概念 ……………………………… 80
第二节 社会分工理论中的系统概念和系统分类概念 …………… 85
第三节 马克思经济学对象的系统质 ……………………………… 91

第五章 马克思经济学的耗散结构论特征：作为新陈代谢的劳动 …… 103
第一节 马克思恩格斯时代有关的物理学发展 …………………… 105
第二节 社会科学源头：从《1844年经济学哲学手稿》至《政治经济学批判》里的重农学派 …………………………………… 112
第三节 20世纪有关的物理学和自组织系统学认识 ……………… 117
第四节 劳动二重性与新陈代谢二重性 …………………………… 123
第五节 马克思经济学特征：科学性与人文性的会通 …………… 136

第六章 马克思经济学的超循环论和分形论特征 ……………… 138
第一节 简单商品经济条件下的二重性循环 ……………………… 138
第二节 资本形式下的使用价值和价值双循环运动 ……………… 144

第七章 马克思经济学的协同学特征 …………………………… 149
第一节 生产力系统：社会系统里的序参量 ……………………… 150
第二节 作为系统的世界经济 ……………………………………… 158
第三节 资本主义经济系统 ………………………………………… 161

第八章　超循环论视野下的马克思经济学数理化研究 …………… 173
第一节　有关研究 ………………………………………………… 173
第二节　劳动二重性和商品二重性的复合函数表达 ……………… 184

第九章　现代系统范式视野下的西方主流经济学范式 …………… 188
第一节　主流经济学范式的科学哲学特征 ……………………… 189
第二节　主流经济学范式科学与人文的两离 …………………… 196
第三节　主流经济学范式里一定的系统思想 …………………… 210

第十章　现代系统范式视野下的非主流经济学 …………………… 212
第一节　生态马克思主义及其系统思想 ………………………… 214
第二节　循环经济学及其系统思想 ……………………………… 218
第三节　对生态马克思主义和循环经济学的展望 ……………… 221

后　记 ……………………………………………………………… 224

第一章　马克思经济学的现代系统范式
——基于文献史的考察

近 40 年来，国内外的一些相关文献对马克思经济学与现代系统范式之间的内在关联性做了研究。①

第一节　系统存在思想：马克思经济学对象的系统整体性与层次性

马克思经济学的研究对象是否具有系统的整体性这个基本属性、是不是系统存在，这是一个首要的和基本的问题。它关乎马克思是否实际使用过"系统"范畴。

早在系统科学与系统哲学尚未明确建立时，卢卡奇（Szegedi Lukács György Bernát）就提出了马克思主义的整体性问题（有时也叫总体性问题），这可以说是揭示马克思经济学中现代系统范式的先声。20 世纪 70 年代，几乎与贝塔朗菲提出系统哲学框架的同时，晚年的卢卡奇再次强调了自己关于

---

① 本文与肖磊合著，曾载《马克思主义研究》，2012 年第 7 期，收入本书时我又做了一定调整和补充。

这个问题的认识的重要意义。他说："毫无疑义，《历史与阶级意识》的伟大成就之一，在于使那曾被社会民主党的机会主义的'科学性'打入冷宫的总体（Totalität）范畴，重新恢复了它在马克思全部著作中一向占有的方法论的核心地位。"① 他指出，马克思视角里的任何一个社会存在都具有双重整体性，是整个人类生活的生产和再生产过程中的一个有机的部分、方面或因素，是社会存在整体中的一个局部或部分的整体。同时，自身也是一个有机的整体，是一个由诸多局部整体组成的有机整体，每个局部整体都与其余的局部整体相互依赖、相互作用，在这种相互作用中同时与整个社会存在整体发生关系，执行着自己的特殊职能，进行着自己的再生产。马克思的每种社会规定、每个社会范畴，只有被置于一定的整体中即一定的现实关联中去把握时，它们的实存才能被把握。例如，"劳动作为发展了的社会存在范畴，只有在一个过程性的并且在过程中自我再生产着的社会整体中，才能获得自己真正的、相应的实存"②。一方面执行着社会实践职能，另一方面进行着自我再生产，这就是它在整个社会存在整体中的实存方式。这种实存方式正是从社会存在本体论意义上理解的那种社会存在。③

美国学者蒂莫西·希尔（Timothy Shiell）指出：马克思综合运用了形而上学的个体论与方法论的整体论。希尔这里所说的形而上学即本体论。他认为，社会客体是马克思的研究对象，既是出发点，又是回复点。所谓回复点，即理论研究结果是再现了的社会客体。再现了的社会客体是一个总体，在本体论上是各个个人的规定和关系的总和，在方法论上是被解释的总体，

---

① ［匈］卢卡奇：《历史与阶级意识》，杜章智、任立、燕宏远译，商务印书馆1992年版，第15页。
② ［匈］卢卡奇著、本泽勒编：《关于社会存在的本体论》（下），白锡堃、张西平、李秋零译，重庆出版社1993年版，第140页。
③ 孙伯鍨：《马克思的社会存在论——兼评卢卡奇的社会存在概念》，载《江苏行政学院学报》，2001年第2期。

是各简单规定（相互联系的各部分）之间形成的全部复杂性、多样性的关系。诸社会客体是一些不同的整体。在这些整体中，同一个部分由于所处的结构不同，因而会受不同规律的支配。"对马克思来说，整体的极大重要性在于：必须予以改变的是整体，而不仅仅是部分"，"从本体论的角度看，整体的彻底变革是由各单个个人的以及各个物的个性特征和相互关系的改变构成的，但并不是由个别部分或个别关系的改变构成的。当前面提到的诸事物同其他事物一道发生变革之时——当资产阶级的财产关系被取代之时，阶级结构遭到破坏之时，以及物质生产力达到一个新的发展阶段之时，彻底的改变便随之发生"。①

改革开放之初，国内学界还来不及比较和梳理几乎同时兴起于中国的西方马克思主义与现代系统范式的关系以及关于马克思经济学整体性思想②的研究，因此有关研究不是基于卢卡奇等人的认识成果而是直接基于系统科学展开。

范业强等学者从以下几个方面指出马克思分析资本主义系统运动时的系统整体性思想：（1）马克思把各个社会历史形态的人类社会总体当作系统；这个系统由经济基础、上层建筑和社会意识形态等相互作用、相互联系的子系统构成，而它们之间的相互作用是经济系统运动的外部原因。生产力和生产关系的矛盾运动是经济系统运动的内部原因。通过生产力与外部条件——自然界相联系，形成一个开放、有一定结构、具有相对稳定性和暂时性、运动和发展的有机综合体。（2）马克思从人类社会系统中分出资本主义社会作

---

① ［美］蒂莫西·希尔：《论马克思的整体论》，汤伯起译，载《国外社会科学动态》，1989年第9期。
② 国内一部分学者如高放、王贵明所说的"马克思主义整体性"，有别于西方马克思主义所说的整体性。它是指马克思主义作为一门学说或者理论科学体系的整体性，而不是指马克思主义方法论的整体性特征。

为一个整体、一个系统加以研究，生产、交换、分配、消费看作是生产关系的四个要素、四个子系统，既统一于生产过程，又存在差别，相互联系、相互作用，实现从未知整体到已知整体的具体过渡。(3) 马克思经济学理论体系的范畴次序问题充分体现系统的要素有序结构性。①

刘勇以马克思经济学协作理论为对象，指出：(1) 马克思揭示了社会生产力"整体大于各孤立部分之和"的系统整体性；并一般性地提出了系统整体性思想：一个事物一旦作为组成要素进入某一系统整体后，一方面会丧失自身原有的某些性质，另一方面能从系统整体那里获得某些新的性质。(2) 局部工人的协作因建立的新的共同联系（协作关系）不同于单个劳动者的性质，弥补原先孤立劳动时自身某种质的缺陷，发挥出前所未有的功能。(3) 马克思对混成工场手工业和有机工场手工业的区分，蕴含着有机整体与混成整体的区分。有机整体的要素发生量的增减会影响有机整体的系统质，而混成整体的要素发生一定量的增减不会影响混成整体的系统质。②

苏联系统论学者 В. П. 库兹明（В. П. Кузьмин）运用自己新提出的"系统质"范畴，指出：抽象劳动不同于具体劳动，具有整体性属性；价值不同于使用价值，"社会系统质是价值的本质属性"，即价值也有整体性。③杨曾宪认为，库兹明所说的价值的社会系统质，是不同于自然质以及社会功能质（使用价值）的新质，反映了在物之外的生产者之间以社会总劳动为中介的经济关系、社会关系，具体表现为商品的交换价值或价值、整个商品生产交换系统，没有物化在具体事物中，有时不以具体事物本身的变化而变

---

① 范业强、张敬东、李克柔：《谈马克思政治经济学方法理论中的系统思想》，载《天津社会科学》，1983 年第 4 期。
② 刘勇：《马克思协作理论的系统方法整体性原则》，载《中州学刊》，1984 年第 4 期。
③ [苏] В. П. 库兹明：《系统知识的认识论问题》，陈慰、英伟译，载《哲学译丛》，1986 年第 6 期。

化，不能被直接观察到，只有借助于科学的系统分析方法才能被揭示。由此产生经济现象的复杂性。①

20世纪90年代以后，学者们侧重于总体而非局部地揭示马克思经济学的系统整体性思想。林岗、张宇、刘元春等提出：方法论整体主义是马克思主义经济学方法论的特征。(1) 马克思不把社会看作是个人的简单加总，而看作是按照特殊规则和特定结构组成的有机整体。这个整体一旦形成，就具有不以人的意志为转移的客观规律和单个个人所不具有的属性，存在独立于个人之外的、客观的社会整体规律。社会整体规定了个人的属性，决定着个体生存发展的空间，因此，思维的出发点不是抽象的个人，而是现实的处于社会联系中的个人。个人是社会整体联系中多种规定性的有机统一。② (2) 马克思运用了整体主义的方法分析产权或所有制关系。(3) 马克思在充分肯定人类生存需求的作用的基础上，从人类系统与自然系统间的关系入手，引入社会实践，从满足需求的方式、社会手段入手，肯定人类征服自然、改造自然的生产活动在历史发展中的主导地位，阐述生产力与生产关系、经济基础与上层建筑之间的辩证关系，把握住社会分工协作体系中对社会生产、社会资源有不同支配能力的各个集团的性质，从不同社会集团之间的性质和冲突去认识人的本质。看清了社会冲突产生的根源，把握了社会整体对抗和阶级冲突与个体冲突间的关系。③

程恩富指出，作为马克思经济学研究对象的资本主义生产整体系统是复杂的自适应系统，马克思所说的经济关系、经济基础和经济结构并非仅仅指

---

① 杨曾宪：《价值学研究中的方法论问题》，载《贵州师范大学学报（社会科学版）》，1998年第4期。
② 林岗、张宇：《〈资本论〉的方法论意义——马克思主义经济学的五个方法论命题》，载《当代经济研究》，2000年第6期。
③ 刘元春：《论马克思制度整体主义分析方法》，载《当代经济研究》，2001年第6期。

生产关系，而是包括社会生产力、生产方式和生产关系在内的总体。生产关系本身又包括了占有关系、货币关系、生产关系、交换关系和分配关系。马克思的生产力概念已经是概念的集成和动态的有机系统。马克思经济学与复杂系统理论有八个相似特征：非线性、非平衡、突变、分岔、混沌、路径依赖、不确定性和复杂系统动力学特征，马克思经济学的属性是一门复杂系统理论或者是一门非线性经济学，劳动价值论本质上是超复杂性理论。[①]

熊映梧[②]、乌杰[③]分析了劳动价值论的系统整体性思想。劳动是多要素结合的过程，是生产力系统要素的整合过程，是一个复杂的系统工程。劳动是一个有机系统，它是多元结构；生产力是一个系统结构，可以分为劳动者、劳动手段、劳动工具、劳动环境、劳动对象等。劳动者是生产力系统中的一个要素。

陈瑞林认为：在马克思和恩格斯的著作中，包含着丰富的系统思想。为此，他以资本主义经济危机周期为例，认为应该把马克思、恩格斯对它的论述作为完整的系统来对待，认真研究它们的整体状况、不同层次、结构变化和动态过程，尽可能全面而详细地了解19世纪欧洲各主要资本主义国家的经济发展状况，充分汲取当代马克思主义研究的积极成果，唯此，才能有效地避免主观臆断、盲从俄译及众译不一等弊端，准确地、贴切地翻译马克思、恩格斯的有关用语。并由此提出自己的看法，认为：资本主义经济危机周期这个系统是有层次性的。资本主义自由竞争时期的经济危机周期由危机、萧条、复苏和高涨等四个阶段组成，它和资本主义垄断时期的经济危机

[①] 程恩富：《马克思经济学与复杂系统理论——研究劳动价值论的新视角》，见程恩富、顾海良主编：《海派经济学》第10辑，上海财经大学出版社2005年版。
[②] 熊映梧：《中国大百科全书·经济学卷》，中国大百科全书出版社1988年版，第888页。
[③] 乌杰：《用马列主义系统观构建劳动价值论》，载《中国改革》，2002年第5期。

周期一起，构成了整个资本主义经济危机周期这个更大的系统。①

侯荣华指出：系统思想是马克思构造《资本论》科学体系的重要思想，马克思突出地运用了整体方法来分析资本主义生产方式这个人类历史上最发达的和最复杂的生产组织，《资本论》把资本主义生产方式看作是以剥削雇佣劳动、榨取剩余价值为特征的不断积累并实现自我循环的大系统。其中涉及了等级、结构、整体等系统的本质性特征，提出了"社会有机体""结构""功能"等系统科学概念，并使用系统、要素、层次、结构、功能、动态、平衡、有序、随机等系统科学基本概念来展开分析。②

日本学者冈田直树（Okada Naoki）认为：包括皮亚杰（Jean Piaget）、沃勒斯坦（Immanuel Maurice Wallerstein）、置盐信雄（Nobuo Okishio）在内的一些研究者虽然提示了马克思社会理论与一般系统论的内在联系，但没有人真正主张将两者结合起来。而阿尔都塞（Louis Pierre Althusser）的观点是，马克思的"结构因果论"与一般系统理论两者有平行特征。③

第二节 系统控制思想：马克思经济学对象的系统控制性

马克思经济学研究对象不仅具有系统存在性，而且还具有系统控制的特征。生产力和生产关系之间的作用和反作用机制就体现出了系统反馈的思想，资本积累和扩大再生产过程实际上就是一种正反馈过程。阿法纳西耶夫

---

① 陈瑞林：《经典著作的翻译与系统思想——〈马克思恩格斯全集〉中文版部分译文商兑》，载《中国社会科学》，1992年第2期。

② 侯荣华：《经济学方法论中的系统思想》，见《管理科学与系统科学研究新进展》，第8届全国青年管理科学与系统科学学术会议论文，2005年4月。

③ [日] 冈田直树："The System Theory of Karl Marx", *The Journal of the Japan Association for Social and Economic Systems Studies*, 2007, Vol. 28, pp. 129—142.

(В. Г. Афанасьев）认为，马克思把劳动过程看作完整的系统，这个系统的要素包括作为人有目的的活动的劳动本身、劳动对象即客体、劳动资料，信息系统的本质是人及其有目的的活动（劳动），这种活动的目的在于信息（劳动对象），以便利用电脑和其他技术手段（劳动工具）把信息变为采取决策、完善控制作用所必要的形式。① 美国学者 D. 麦奎里（Donald McQuarie）、T. 安贝吉（Terry Amburgey）分析了马克思模型的控制论系统特征。控制论系统有一个控制中心控制着系统使它的状态接近某些目的参数，控制论系统是一个有反馈联系的有目的的系统。马克思模型中的统治阶级相当于"控制中心"，这个中心的一般目的参数是维持平衡，即维持现状（认为当前的权力和财富关系是令人满意的），从控制的目的—手段链看，控制手段是法律、政治、意识（观念）等上层建筑形式。②

我国学者胡义成认为，《资本论》中关于社会再生产进行的分析是控制论分析的初步数学证明，《资本论》是经济控制论的奠基之作。③ 董玉魁认为，马克思提出了"计划控制论"原理："只有在生产受到社会实际的预定的控制的地方，社会才会在用来生产某种物品的社会劳动时间的数量，和由这种物品来满足的社会需要的规模之间建立起联系。"《资本论》中的"计划控制论"不仅涉及政治经济学理论，而且还和近代社会化大生产的许多管理规律相衔接。④

---

① [苏] 乌尔苏勒主编：《控制论和辩证法》，吴元梁、高薇译，中国社会科学出版社 1988 年版，第 42 页。
② [美] D. 麦奎里、T. 安贝吉：《马克思和现代系统论》，裘辉译，载《国外社会科学》，1979 年第 6 期。
③ 胡义成：《马克思实际上使用的控制论方法及其在社会－经济分析中的适用范围》，载《社会科学》，1986 年第 9 期。
④ 董玉魁：《马克思主义的"计划控制论"和信贷资金管理的改革方向》，载《学习与探索》，1983 年第 4 期。

第三节 系统演化思想：马克思经济学对象系统的自组织特征

相当于"静力学"的系统科学"老三论"揭示了系统的整体性和层次性等系统存在特征，而相当于"动力学"的耗散结构论、协同论、超循环论则揭示了系统的耗散结构性、协同性、超循环性等系统的运动特征、自组织演化特征。一部分学者探讨了马克思经济学范式中的系统演化思想。

一、马克思经济学对象系统的耗散结构性

马克思经济学对象系统的物质变换性与耗散结构性的关联研究往往越过了作为中间环节的耗散结构论，直接从物理学、生物学的概念和原理入手。

早在系统科学建立前的20世纪20年代，苏联政治家、学者布哈林（Николай Иванович Бухарин）从能量交换和平衡的角度阐释了蕴含于马克思物质变换理论的耗散结构思想。马克思把劳动定义为人与自然界之间的物质变换的过程，布哈林对此阐发道：由上可看出，社会与自然界的物质变换过程消耗自己的劳动即人的能量，从而取得一定数量的自然能量。社会从自然界汲取（并吸收）的能量愈多，就愈能适应自然界；只有在这方面数量有所增长，我们才能看到社会的发展。社会与自然界之间"物质变换"这种物质过程，也就是环境与系统、外部条件与人类社会之间的基本相互关系。[①]

国内有的学者研究了价值的耗散结构特征。1984年，鲁品越在比较了价

---

① 郑异凡：《布哈林论稿》，中央编译出版社1997年版，第162—163页。

值与能量可通约性、可转换性的共同本质后,认为劳动价值与能量可以建立对应关系,都是一物多相。价值对应着物,使用价值对应着相。价值外在地显现为使用价值,使用价值包含价值,是价值的显现形式,不同的使用价值只是价值不同的表现形式。一种商品交换另一种商品,或生产资料从一种变成另一种使用价值形式的运动中,价值并没有消失,就像能量运动一样,是守恒的。而在生产过程中,价值是不守恒的。生产过程中生产资料只有在劳动的作用下才能修复,因此,价值只是转移,没有新增的部分,而生产过程是生产劳动力的生理学过程。在这个过程中,劳动力创造的价值大于生产劳动力的价值,生产之"流"大于生产之"源"。① 鲁品越用生产过程中的价值不守恒说明了剩余价值。

1990年,孟氧更加直接和深入地做了揭示。孟氧提出:劳动二重性理论表明,劳动一方面是具有自然属性的人和自然之间的物质能量变换,另一方面是具有社会属性的人和人之间进行的社会利益分配,这说明二重性的劳动是自然与社会的交错运动的形式,自然与社会交错运动因此成为自然科学与社会科学的结盟和统一最深刻的客观物质基础,成为自然科学的理论和概念直接引入经济学的事实依据。② 劳动二重性理论是这种运动的经济理论形式。《资本论》体系反映了这种交错运动,是《资本论》展开研究社会经济关系的背景。自然与社会交错运动的环节和形式具体体现为劳动,自然通过劳动进入社会,同样,社会通过劳动改造自然,人类的影响随之加于自然,自然越来越成为人化的自然,而人自身的生理和心理也发生变化和改造,人本身这个自然越来越社会化。劳动和商品二重性就是劳动时间二重性,具体劳动

---

① 鲁品越:《论价值守恒规律和价值不守恒过程——沟通社会科学和自然科学原理的尝试》,载《兰州学刊》,1984年第4期。
② 杜厚文、杨志:《经济科学与自然科学结盟的样板——评〈经济学社会场论〉》,载《中国图书评论》,2000年第12期。

是一种技术性劳动，度量它的是自然时间，抽象劳动是一种经济劳动，度量它的是经济时间。自然时间是外在于人的物理时间、天文学时间，是人们可以感觉到的；而经济时间是经济过程内在的，即社会场内部的时间，是超越人们的感觉经验之外的客观存在。自然时间是经济时间的物质载体，两者不可分割，但有区别。商品的价值量并不是由已经物化在其中的社会必要劳动时间决定，也就是说，不是由自然时间决定的，而是由再生产它所需要的社会必要劳动时间决定的。自然时间是单向的、不可逆的，而简单劳动和复杂劳动的区别表明，相同自然时间下的经济时间并不均匀分布，经济时间同样是单向的、不可逆的。生产每个商品的个别时间、自然时间转化成该商品的社会时间，也就是价值的形成过程，中介就是社会场。在社会场中，通过劳动实体的传递，个别劳动转化为社会劳动。由于价值规定的社会平均必要性具有宏观特征，而生产每个个别商品的自然时间具有微观特征，孟氧用劳动时间二重性的研究揭示了自然时间与经济时间的联系，自然时间与经济时间同样是不可逆的，从时间的不可逆性引出了耗散结构思想的视角，建立了马克思主义经济学—系统科学—自然科学这样一条线的理论联系，从这个角度找到了马克思主义经济学与自然科学衔接的微观基础，孟氧的研究已经有了一定的实质性突破。[①]

任瞪指出：恩格斯的自组织自然观把整个自然界看成高度复杂的有机系统，正是有序的创生与物质能量耗散的熵增之间的对立统一运动展开着自然界的生动演化。而恩格斯的多维系统社会观认为，人类社会是自然界的组成部分，在揭示自然界无机营养元素循环规律的同时，指出人类借助特有的生产劳动把自然界中无机物质循环与人类生活需要有机地联系起来，使无机的

---

① 孟氧：《经济时间与经济空间》，载《河南财经学院学报》，1990年第2期。

物体发生物质变换。因此，人类物质资料的生产生活过程是按需求—生产—分配—交换—消费的顺序运行的开放循环系统，通过不断与广阔的外部环境进行物质、能量相互作用，实现人类系统演化。①

马克思生态学是生态马克思主义的新阶段。2000年，其代表人物、美国学者J. B. 福斯特（John Bellamy Foster）直接指出劳动与能量、新陈代谢有关。福斯特在评述《各国的重量》一书时说："该研究最关键的内容，是费希尔-科瓦尔斯基和她维也纳同事们在其著述中提出的'社会新陈代谢'的概念用以分析工业经济对环境的影响。这一概念可以追溯到19世纪尤斯图斯·冯·李比希（Justus von Liebig）和卡尔·马克思的著作"②，他进一步考证认为，马克思在劳动定义中用以揭示劳动内涵的"物质变换"，就是生物学和生理学中的新陈代谢概念，移用的是当时德国化学家李比希创立的化学范畴，相应地，物质变换理论应当被理解为新陈代谢理论③。

二、马克思经济学对象系统的协同性

协同学认为在一个系统内部序参量决定性地影响着系统的演化。有学者探讨了马克思经济学中的"序参量"即经济系统演化因素。谭联众提出，劳动价值论和恩格斯的两种生产理论蕴含着社会经济系统存续的超循环结构。社会经济系统是由大量个人子系统和由其逐渐演化出的各类经济子系统组成的开放复杂的巨系统，它高于无机系统，也高于自然生态系统，处在不断地自组织与他组织的演化中。社会的物质生产劳动就是社会经济系统内部决定

---

① 任暟：《恩格斯系统观的当代解读》，载《马克思主义研究》，2005年第5期。
② [美] J. B. 福斯特：《生态危机与资本主义》，耿建新、宋兴无译，上海译文出版社2006年版，第15页。
③ 刘仁胜：《生态马克思主义概论》，中央编译出版社2007年版，第131页。

其演化的序参量，社会的物质生产劳动实现了社会经济系统的三个放大：体能放大、智能放大、协同放大，而这三个放大相当于社会经济系统的反应循环、社会经济系统的催化循环、社会经济系统的超循环三个不同层次的循环。①

吴彤、沈小峰、郭治安探讨了生产力系统中的序参量问题。② 他们从社会经济系统中划分出社会生产力系统，把社会生产力系统看作自组织系统，认为科学技术就是社会生产力这个自组织系统的序参量，科学技术产生于社会生产力系统的自组织过程中各种独立要素的协同作用，但产生后又反过来支配它们运动，推动着社会生产力系统的演化。

三、马克思经济学对象系统的超循环性

20世纪60年代，随着循环经济概念、超循环论等系统自组织理论的出现，一些学者开始探讨马克思经济学中的循环思想。这部分研究大体可以归为三类：与具体劳动从而与使用价值有关的物质单循环思想、价值单循环思想、使用价值与价值的双循环思想。

1991年，靳共元比较直观地提出，马克思经济学存在着使用价值与价值的双循环思想。他指出，马克思沿着"具体劳动—使用价值—劳动过程—技术构成……"范畴这样一条线，纵向展开描述了其中一极运动，而沿着"抽象劳动—价值—剩余价值—价值增值过程—价值构成……"范畴组成的另一条线，纵向展开描述了另一极运动。每个阶段对立的两极，如具体劳动与抽

---

① 谭联众：《社会经济系统的超循环与劳动价值放大》，中国科协年会第三分会场论文，2006年9月。
② 吴彤、沈小峰、郭治安：《科学技术：生产力系统的"序参量"——一种自组织演化的科技观》，载《自然辩证法研究》，1993年第6期。

象劳动、使用价值与价值……横向又构成一个小的对立统一系统，因此，整个《资本论》的范畴，劳动—商品—货币—资本—绝对剩余价值和相对剩余价值—剩余价值率—工资—有机构成—资本积累……形成了一个系统运动。①

2007年，杨志的研究相对完整和深入，并指出："产业资本循环是各种形式的资本循环中唯一能够直接承载自然与社会交错运动关系的资本形式。马克思在《资本论》第二卷中非常详尽地研究了单个产业资本循环和作为具有各种各样差异性有机整体的社会总资本循环的形式（包含物质能量资源与价值增值的交错循环、商品的使用价值和价值与剩余价值的交错循环、市场经济中实物流和货币流的交错循环、社会总产品中的生产资料与生活资料和社会总量货币和信用的交错循环）、特点（包括各种形式循环的特点以及作为各种循环形式统一的总循环的特点）、条件（与决定和约束资本正常循环相关的各种各样的条件），还有由此决定的资本循环速度与资本增殖程度之间的关系。"②

2007年，时青昊分析了物质变换的双重含义，认为人与人之间的新陈代谢这重含义是马克思的独创，是走向资本循环的环节。在自然生态含义的基础上形成了一个生态循环圈；在社会经济含义的基础上，形成了商品循环圈。资本为了获取剩余价值，导致商品循环引导下的生态循环断裂。结合以下两条马克思的生态思想原则看：（1）任何事物都来自其他事物；（2）任何被破坏的东西都不会消失，马克思经济学已经包含商品循环和生态循环的双循环思想。③

---

① 靳共元：《〈资本论〉中的系统思想探索》，载《晋阳学刊》，1991年第4期。
② 杨志：《对循环经济研究的理论思考——基于马克思主义经济学视角》，载《教学与研究》，2007年第11期。
③ 时青昊：《"物质变换"与马克思的生态思想》，载《科学社会主义》，2007年第5期。

第四节 研究评价及结语

总体看，国内外对马克思经济学的现代系统范式研究文献不多，关注不够，取得了一定成果，也做了不少提示，个别内容也非常深刻，但不够全面和深入，比较分散，不同的研究之间缺少过渡和中间的理论环节，未形成持续的学术继承和发展，还不能构成一个较为完整的体系，也就不能如实地反映出马克思经济学的现代系统范式整体风貌，反过来说，对马克思经济学所蕴含的现代科学特征揭示得也就不够充分。具体而言，卢卡奇的研究提出了马克思主义系统整体性的视角，但侧重在社会科学特别是哲学方面，而对人文社会科学与自然科学联系起来的研究视角的提示不够。这方面福斯特的发现具有突破性的意义，在马克思经济学与现代科学之间奠定了一块坚实的基石，但福斯特的发现从系统科学和系统哲学进一步深入挖掘不够，这样就跳过了一个很大的中间理论环节，显得跨度太大，以致有人误解他把马克思的实践唯物主义降低到了旧唯物主义的水平。孟氧的研究是对他的重要补充。此外，在使用价值和价值循环的关系上，多数研究顾此失彼，注意揭示了使用价值循环，没有同时兼及价值循环。就是说，只顾及了使用价值所反映出的人与自然的关系，只把做功或者能量与使用价值联系起来研究，而没有顾及价值所反映出的人与人的社会关系。这样一来，对劳动二重性、商品价值二重性与双循环思想的内在关联性揭示就不够充分。卢卡奇、林岗、福斯特、布哈林、孟氧、杨志的研究，依次代表了从哲学视角到人文社会科学与自然科学联结的综合视角的中间环节。这些研究为后续的全面研究打下一定基础，做了一定的理论准备。

造成上述现状的原因大体有以下几个：(1) 主要蕴含于系统工程、系统科学和系统哲学为基础的现代系统范式，从第二次世界大战前出现直到20世纪70年代基本成形，而进入中国并引起中国学界广泛关注是在20世纪80年代初，此时中国的经济学范式已经产生变化，进入了转型期。此后很长的一段时间里，学界关注较多的是西方经济学范式，对马克思经济学范式的探讨难有突破。(2) 系统科学是现代系统范式的基础，也是其成形的标志之一。为了解决物理、化学、生物、数学等传统自然科学一些带有共性的问题，系统科学应运而生，有很强的跨学科性、横断性。研究人员既要较为熟悉系统科学的原理与概念，还要较为了解系统科学与其他自然科学的理论关系，这里的关键是要较为了解系统科学与其他自然科学的问题之间的逻辑关系，这样才能比较好地把握现代系统范式的内涵及其对以往哲学方法论的继承关系，并用于经济学范式研究。这就对有关研究提出了比较高的要求。即使系统学界的学者也认为，把系统科学、系统哲学、系统工程结合起来讨论具有很大的理论难度。把现代系统范式与经济学结合起来探讨，难度就更大了。这种情形不仅为国内研究所有，也为国外研究所有。(3) 马克思主义博大精深，包括马克思主义哲学、政治经济学、科学社会主义三个部分，因此，探讨现代系统范式与马克思经济学之间的关系，难度更大。以劳动内涵为例，劳动是人与自然之间的物质变换，如果说物质变换就是新陈代谢，而能量代谢是新陈代谢的重要方面，那么，能量代谢就是劳动的重要特征之一。由于现代物理学把物质归结和还原为能量，因此，关于劳动与能量的联系、价值守恒与能量守恒、价值循环与能量循环的联系是很自然的，直接建立物理学、生物物理学现象与经济学现象的联系，由此把自然科学特别是物理学范畴直接与马克思经济学范畴联系起来，有一定程度的合理性和必然性，的确也给出了某种提示，隐约反映了经济学研究的一些新迹象。但物理现象与经济现象毕竟性质不同，物理系统与经济系统毕竟层次不同，因此，不经过一定的理论中间环节的转换、过渡和衔接，这样做有把马克思的经济学贬低为社会存在的物理学之嫌。

全面而完整地揭示马克思经济学与现代系统范式的内在关联性，有着重要的意义：(1) 为马克思经济学与现代科学的结合提供方法论准备，也为更大范围内人文社会科学与自然科学联结的研究方法提供启示。(2) 为马克思经济学现代转型提供一个可能的方向。从现代系统范式角度看，马克思经济学本身就是一个开放的认识系统，如何融合现代系统范式，对于坚持和发展马克思主义经济学、构建中国经济学具有重要的现代意义，有可能将展开新的、广阔的研究领域。

第二章　马克思经济学的现代系统范式开端

"商品中包含的劳动的这种二重性,是首先由我批判地证明的。这一点是理解政治经济学的枢纽。"① 可见,不论如何界定马克思经济学对象,是如传统观点所认为的那样,把生产关系看作是马克思经济学的研究对象;还是如后来20世纪80年代初认为的那样,马克思经济学对象应该包括生产力;或者如90年代有的学者运用马克思生产力—生产方式—生产关系原理,认为马克思经济学对象是资本主义生产方式以及和它相适应的生产关系②,劳动始终应该是马克思经济学的核心概念之一。因此,解读劳动这个核心概念的新视角相当程度上意味着解读马克思经济学的新视角。

而马克思对于劳动的认识有一个演变过程。26岁时受到恩格斯的启发,同时也因为外部现实状况的影响,开始研究经济学,形成了《1844年经济学哲学手稿》(以下简称《1844手稿》)。后来经多年的研究,又写了《1857—1858年经济学手稿》(以下简称《1857—1858手稿》),1859年出版了《政治经济学批判。第一分册》,接着写了《1861—1863年经济学手稿》(以下

---

① 《马克思恩格斯全集》第44卷,人民出版社2001年版,第55页。
② 吴易风:《论政治经济学或经济学的研究对象》,载《中国社会科学》,1997年第2期;《马克思的生产力—生产方式—生产关系原理》,载《马克思主义研究》,1997年第2期。

简称《1861—1863 手稿》)、《1863—1865 年经济学手稿》（以下简称《1863—1865 手稿》),1867 年出版了《资本论》第一卷。因为手稿有的内容没有在随后正式出版的书中反映出来,这样就给读者的阅读和研究带来一定困难,妨碍对马克思一些思想的理解,有些歧义的产生与此有关。排出这个系列时间表,提供手稿与正式出版的书的顺序,有助于理清马克思思想发展之间的关系。① 因此,有关的研究应该从《1844 手稿》对劳动的论述开始。②

第一节 异化劳动：资本主义社会系统对抗性结构的批判与人的自然属性的提示

马克思是从《1844 手稿》开始由哲学批判、宗教批判、政治批判转向经济批判的。这部手稿里他开宗明义谈到自己的研究方法："我用不着向熟悉国民经济学的读者保证,我的结论是通过完全经验的、以对国民经济学进行认真的批判研究为基础的分析得出的","对国民经济学的批判,以及整个实证的批判,全靠费尔巴哈的发现给它打下真正的基础"。③ 这里所说的"完全经验的、实证的",反映出马克思研究方法的新进展。马克思在吸收了费尔巴哈的宗教批判成果后,形成了新的世界观,新的世界观体现在哲学与经济

---

① 例如,列宁生前就没有读到过《1844 手稿》。以中国社会科学院经济所的郭冠清为代表,中国学者已经开始按照马克思思想发展的真实轨迹来贯通研究。虽然作者提出马克思主义政治经济学研究还应包括"人与自然的关系",但主要还是从人文社会科学的角度引申出来的,是基于经典文本、基于吴易风教授的"生产力—生产方式—生产关系"研究对象的观点引申出来的。并且,作者关于马克思从"哲学批判"到"政治经济学批判"的观点可商榷。"哲学批判"与"政治经济学批判"之间有没有其他重要的理论环节呢？（见郭冠清：《回到马克思：政治经济学核心命题的重新解读》,载《经济学动态》,2015 年第 5 期和第 8 期）

② 与本书论题的有关内容,其实应该联系更早的马克思博士论文展开。

③ 《马克思恩格斯全集》第 3 卷,人民出版社 2002 年版,第 219、220 页。

学的学科关系上，就是马克思所说的"不是从哲学上来寻找而应当到政治经济学中去寻找解剖市民社会的原因"。新的世界观在政治经济学研究方法上的体现，就是从基本的经济事实入手展开研究。

而在23年后的成熟之作《资本论》中，马克思指出："叙述方法必须与研究方法不同……材料的生命一旦在观念上反映出来，呈现在我们面前的就好像是一个先验的结构了。"① 这段话一方面说明《资本论》是抽象逻辑演绎的过程，而另一方面"好像是"的用语说明商品二重性和劳动二重性范畴、劳动价值论看起来是先验的而实际上并不是先验的结构。对比马克思前后两个时期关于经济学方法论经验和先验特征的论述，我们可以看到，两者是相互联系和呼应的。

不过，我们也可以换个现代系统范式的角度去理解。

现代系统范式认为，系统是具有一定时空界限的整体，是由一定的时间限度及与之相应的一定的空间限度共同组成的时空体，对于系统的划分可以按空间的一定限度和时间的一定长度展开。

从静态的空间特征看，人类社会是一个以人为要素构成的多层次复杂系统，由于作为要素的人具有主体性，因此，人类系统也就是人类主体系统。从系统的层次性看，社会和个人分别是人类主体系统的最高层次和最低层次，也就是社会主体系统和个人主体系统。在这两个层次之间，存在着阶级、民族、政党等一定中间层次的主体系统。由于系统和要素具有相对性，阶级、民族、政党等既是社会主体系统的子系统和要素，本身也是相对独立的系统，因此，阶级、民族、政党也是系统范畴。如果把它们看作系统，社会主体系统就是它们的超系统或环境。

---

① 《马克思恩格斯全集》第44卷，人民出版社2001年版，第22页。

从动态的时间特征看，系统就是系统状态之和，就是系统所经历的过程，因此，人类系统就是人类全部历史。不同阶段的人类历史是用时间来表征的、特定的人类主体系统状态，人类历史上不同的社会形态就是人类社会主体系统不同的时间状态。因此，从古到今的人类历史是一个整体，是人类社会主体系统不同时间的状态之和。《1844 手稿》反映出马克思的着眼点不是个人，而是社会；不是抽象的、一般的社会，而是具体的社会；不是全部历史的人类社会，而是现实阶段的人类社会即资本主义社会，即他当下置身其间的社会。当马克思把现在时和进行时的资本主义社会从全部历史的人类社会中相对独立地划分出来作为认识对象和批判对象时，也就意味着：从空间上说把资本主义社会当作了人类社会主体系统的子系统层次，从时间上说把资本主义社会当作人类社会主体系统的资本主义状态，也就是把资本主义社会当作一个历时与共时的统一整体，即把资本主义社会当作了资本主义社会系统。

系统的层次性导致了系统的相对性，系统是环境超系统与子系统的中间层次。把何种层次的事物当作系统要根据研究者的需要而定。因此，资本主义社会相对于全部人类历史是子系统，而作为研究对象后却可以相对独立地成为认识对象系统。在把资本主义社会系统相对独立地划分出来后，马克思从中进一步分解、划分和抽出工人与资本家两个阶级、两个子主体系统，而暂时撇开民族、文化、国家等诸多其他子主体系统。由于系统既包含着系统与子系统的层次关系，也包含着结构与要素的关系，因此，马克思对工人与资本家两个阶级、两个子系统的分析，同时也是对构成资本主义社会系统的两个要素关系即内部阶级结构的分析。

与同时期的资产阶级经济学家对比，我们可以发现，正是对资本主义社会系统内部结构即阶级结构关系的批判性立场，使马克思开启了经济学的科学方向。① 在他看来，资本家与工人之间的结构关系是异化的。异化即对立，因此，四类异化关系就是四种对立结构。其中，工人同自己的劳动产品相异化、人同自己的类本质相异化、人同人相异化，这三种异化关系形成了工人—劳动产品结构、个人—人类的本质结构、人—人结构等三种横向的、空间的对立结构；而工人同自己的生产活动相异化是劳动主体与劳动过程的对立关系，是纵向的、时间的对立结构。当他把资本家与工人之间的对立、一类人与另一类人的对立、一类主体与另一类主体的对立、一个阶级与另一个阶级之间的对立，进一步追溯和归结为工人与自己生产活动的对立时，也就是追溯和归结为劳动主体与劳动客体、劳动者与劳动对象之间的对立时，就追溯和归结到了人与自然的对立。这就意味着把前三种横向的、空间的对立结构追溯和归结为纵向的、时间的结构。一方面，这里多少已经预示着以后从劳动过程因而从劳动时间展开的一系列经济范畴，如价值规定、货币和资本、资本的生产、流通、交换过程等资本主义经济系统的环节，而另一方面，更直接地是从资本主义社会系统内部阶级结构扩展到了资本主义社会系统以外，引入了作为外部环境的自然界，从资本主义社会系统这个特定的人类社会系统状态，引出了一个更加一般性的问题，就是人类社会系统与作为外部环境的自然界之间的关系问题，简化地说，就是由人与人的关系引出了人与自然的关系，由人类主体之间的关系引出了人类主体与自然客体的关系。实际上建立起"人—自然界"这样一个更大的系统，把认识对象由资本主义社会系统扩大而成为"人—自然界"系统。

在"人—自然界"系统中，资本家、工人、自然界是三个要素，由此重

---

① 如何看待资本主义社会的系统性与系统内部结构的性质，是一个重大的原则问题。较早的可参见商德文：《系统论与经济学革命》，载《系统辩证学学报》，1995 年第 2 期；最近的可参见彭宏伟：《资本总体性——关于马克思资本哲学的新探索》，人民出版社 2013 年版。

新生成了三个子系统：一个是"资本家—自然界"子系统，一个是"工人—自然界"子系统，一个是由资本主义社会系统简化降低层次而成的"资本家—工人"子系统。在资本家与工人两个阶级要素的"资本家—工人"子系统中，马克思用异化来表征两者的差别性，用人的类属性或社会属性来表征两者的统一与联系性。马克思强调两者的统一与联系性，就是在强调两者的共性，就是在做系统综合，把两个要素综合成一个系统。马克思进一步从人与人的统一性延伸到人与自然界的统一和联系，把两个子系统归结为"人—自然界"系统时，是在对人与自然做系统综合。他这时得到一个非常重要而积极的结论：人来自自然界。他说："所谓人的肉体生活和精神生活同自然界相联系，不外是说自然界同自身相联系，因为人是自然界的一部分。"① 他说："在实践上，人的普遍性正是表现为这样的普遍性，它把整个自然界——首先作为人的直接的生活资料，其次作为人的生命活动的材料、对象和工具——变成人的无机的身体。自然界，就它自身不是人的身体而言，是人的无机的身体。人靠自然界生活这就是说，自然界是人为了不致死亡而必须与之处于持续不断的交互作用过程的、人的身体。"② 对今天而言，人来自自然界、人的自然属性似乎是一个天经地义、无需证明的认识，可是联系到西方上帝造人这样的具体认识环境，再联系到马克思此前对宗教的批判性认识，我们知道，这样的结论并非轻而易举，它反映了青年马克思认识上的巨大转折。

从以上"自然界同人的联系就是同自身的联系""自然界是人的身体"等用语和阐述中，我们可以看到，原本相对独立的人类社会系统与自然界系统，被马克思形象地综合生成一个更大的"身体"系统。在这个更大的"身

---

① 《马克思恩格斯全集》第3卷，人民出版社2002年版，第272页。
② 《马克思恩格斯全集》第3卷，人民出版社2002年版，第272页。

体"系统里，人类社会主体系统与自然界系统相对地降低了系统层次，成为它的两个子系统、两个要素。两个子系统、两个要素的差别在于：人类是有机的"身体"子系统，而自然界是无机的"身体"子系统；人类是主体子系统，而自然界是客体子系统。在没有生成"身体"系统以前，自然界是作为人类社会的外部结构存在的，而在"身体"系统生成以后，自然界由外而内，与人内化为"身体"系统中的内部结构。从形式上看，马克思用身体喻指自然界，似乎是把人类社会的主体性、人的生命性赋予了自然界，自然界似乎拟人化了、生命化了、活化了，但从内容上看，人的外化引出了自然的内化、人化，是从人与人的对立，引出了人的生命来自自然、人是自然的一部分这样一个新的前提。有机界来自无机界，无机界产生了有机界。这里实际上是在肯定自然界的先在性，强调无机界的先在性。在"人—自然"的"身体"系统中，客体的自然对主体的人具有先在性、先决性，自然是人存在的先决条件。

资本主义社会系统内部的阶级结构被安置于上述新前提之下，这就意味着不论是否存在阶级结构的异化，即不论工人与资本家是否对立，工人与资本家都要服从自然的制约，服从外部环境的制约，都存在不可逾越的自然前提。那就是他们首先都必须作为人而存在，也就是说，都必须获取自然物质才能生存。可见，"身体"系统的说法不是自然的拟人化、活化，而是在阐述和表达人的自然化：人来自自然，是自然的一部分，不论是资本家还是工人，人不能离开自然而存在。"资本家—工人"综合而成的"人"的系统属性首先是人的自然属性，对社会系统结构的批判性分析最终引向了作为自然的人。

那么，作为自然的人的存在形式是什么呢？这就不可避免地引出了人的劳动这种非常重要的和主要的活动方式。劳动是人作为劳动主体的活动，是劳动主体的外化，因而也是劳动主体的对象化，例如，跑步就是主体对象化的一种形式。而如果劳动主体的活动施加于一个自然的客体，那么，被主体活动改变了的客体也可以是劳动的对象化，例如，作为劳动结果的劳动产品也是主体的对象化。而从劳动主体中输出的劳动，已不再是主体自身，是对主体自身的否定；被主体活动改变了的自然客体，例如劳动产品，同样也是对劳动主体的否定。综合以上这两种对象化看，对象化也是异化。从认识发生的角度看，当马克思通过对资本家与工人的社会主体之间的异化——人与人的异化——关系批判引出异化劳动时，异化劳动的内涵开始具有劳动的社会属性与自然属性的双重意义，只是两者此时的区分还不明显，劳动的自然属性此时还不能精确地表达出来，这反映出马克思研究经济学伊始从人文社会科学向自然科学过渡、从批判性向科学性的过渡状态，因此，《1844手稿》几乎没有过渡很快地、很自然地就从劳动异化引出并转移到了劳动的对象化，异化劳动理论中与劳动有关的、具有很强哲学意味的一些概念，如劳动主体、劳动客体、劳动者、对象化劳动、劳动外化等，在后来的《政治经济学批判》与《资本论》中经过发挥、改造保留后成为科学范畴。在这两部著作中异化劳动概念出现得不多，而对象化劳动就成为异化劳动理论向劳动二重性理论转换的关键环节。异化与对象化、异化劳动与对象化劳动开始出现的原则性差异，以及异化劳动到对象化劳动的这个过渡和转折意义之大，我们在卢卡奇的认识发展中可以充分看到。①

第二节 对象化劳动：劳动自然属性和放大功能的认识萌芽

这里有必要引入劳动放大功能和劳动的自然属性两个环节，作为解读《1844 手稿》与《1857—1858 手稿》《政治经济学批判》《资本论》等经典文本间的衔接环节，这样才能更好地理清异化劳动与对象化劳动在《1844 手稿》里处于萌芽状态的认识差异。

仔细对异化劳动做系统分析，并与对象化劳动做比较，可以看到，异化劳动虽然有着人文社会科学的概念形式，但它的批判性质却蕴含和导向了劳动放大功能、劳动自然属性、剩余劳动等自然科学思想。

---

① 卢卡奇在晚年自述早期思想认识中，对《历史与阶级意识》的局限自我批评说："《历史与阶级意识》跟在黑格尔后面，也将异化等同于对象化。这个根本的和严重的错误对《历史与阶级意识》的成功肯定起了极大的作用"，"而对象化这种现象事实上是不可能从人类社会生活中消除的"。而促使卢卡奇有此转变的，是"正是带着这些新的观点，我于 1930 年开始了莫斯科马克思恩格斯研究院的研究工作。在这里，我交了两个意想不到的好运：《经济学哲学手稿》（指《1844 手稿》）的手稿正好全部被辨认出来，我可以阅读它"，"无论何时，时至今日，我仍旧记得马克思关于对象性是一切事物和关系的基本物质属性的论述对我产生的惊人印象"，"对象化是一种人们藉以征服世界的自然手段，因此既可以是一个肯定的、也可以是一个否定的事实"。[见[匈]卢卡奇：《历史与阶级意识》，杜章智、任立、燕宏远译，商务印书馆 1992 年版，"新版序言（1967）"第 19 页、33—34 页]。对于卢卡奇的有关认识，见韩立新：《对象化与异化是否同一——"对黑格尔的辩证法和整个哲学的批判"的重新解读》（《吉林大学社会科学学报》2010 年第 50 卷第 1 期）。

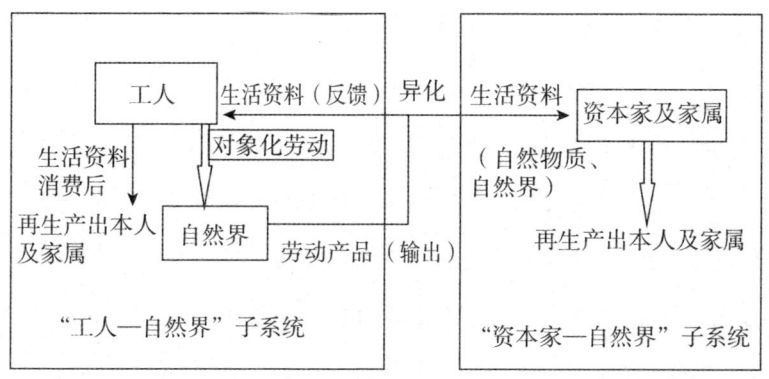

图1

如图1所示，从现代系统科学的角度看，在"资本家—自然界"子系统与"工人—自然界"子系统的关系中，工人的对象化劳动是工人主体要素主动施加作用于自然界客体要素，把两者联结起来。工人的劳动与作为劳动对象的自然界客体是这个子系统的输入量，而对象化劳动作用于劳动对象输出了劳动产品，劳动产品是这个子系统的输出量。劳动产品的一部分被工人消费，形成"工人—自然界"子系统的输出反馈，再生产出工人自身和家属，工人的劳动产品不仅再生产自身即再生产出自我生命，而且生产出子女即再生产出人类生命。

而在"资本家—自然界"子系统中，由于资本家不从事劳动，不直接占有劳动对象，因此，这个子系统没有生活资料输出，构不成反馈。资本家自身及其家属用于生活、维持生命的生活资料，不是由资本家本人提供的。这个子系统生活资料的输入来自子系统以外工人的劳动产品，而工人的劳动产品源于工人的劳动，来自"工人—自然界"子系统的劳动产品输出。"工人—自然界"子系统的劳动产品输出除一部分反馈自身外，而另一部分成为资本家—自然界子系统的系统输入。可见，工人劳动产品输出的数量既要养活工人自身、工人子女，还要养活资本家及其子女，两个子系统的输入量都可以归结为"工人—自然界"子系统的劳动产品输出，工人通过劳动生产出的生活资料也就是系统输出的生活资料大于他消费的生活资料，"工人—自然界"子系统具有生活资料的放大功能。在工人与自然界的关系中，作为要素的工人（劳动主体）是主动一方，而作为要素的劳动对象是被动的一方，因此，劳动对生活资料的放大功能不应该来自劳动对象，而来自劳动主体，来自工人，来自人。这就是"工人在他的对象中的异化表现在：工人生产得越多，他能够消费得越少；他创造价值越多，他自己越没有价值、越低贱"[1]。

由于劳动是生命活动的一种体现形式，而生命活动是作为生物学系统、生命系统的人的活动。如果说工人的劳动是一个产出大于投入的活动过程，是一个输出大于输入的系统，那么，人类本身的劳动是不是产出大于投入的活动过程呢？因此，工人虽然只是人类的一部分，不是人类的全体，但工人这部分人的劳动却意味着人类的劳动同样具有产出大于投入的一般属性，就是说，对异化劳动的系统分析可以使我们看到劳动具有像热力学效率或能量效率那样的放大功能，这可以看作是马克思剩余劳动科学思想的先声。当然，此时的马克思并没有明确提出劳动放大功能的概念，因此，也就谈不上劳动放大了什么，也没有可能产生明确的剩余劳动思想与概念。不过，一个人能养活更多不劳而获的人的异化现象也就是剥削现象，却使马克思意识到，在劳动主体与异化劳动中间缺少理论环节，他由此在两者加入和引申出"对象化劳动"理论环节，并由此引向了劳动的自然属性和自然科学内涵，而这也为以后区分劳动主体与劳动活动（劳动外化、对象化等）做了准备，潜伏着劳动力与劳动两者重大区别的萌芽，为以下的转换做了铺垫：用经济学的劳动力概念代替社会学的人的概念，用劳动力的自然属性更科学地表征

---

[1] 《马克思恩格斯全集》第 3 卷，人民出版社 2002 年版，第 269 页。

社会人的自然属性。

正是由于上述原因，在从《1844 手稿》到《资本论》诸卷中，"对象化"（德文 vergegenständlichter）及"对象化劳动"（德文 vergegenständlichter Arbeit）或劳动对象化（德文 die Vergegenständlichung der Arbeit）概念，字面始终没有变化，一直保留下来成为重要的术语，内涵略有差异，而实质上没有差异。中译文字面上的差异是译法不同所致。如在《资本论》中"使用价值或财物有价值，只是因为有抽象人类劳动对象化或物化在里面"[1]，这里的"物化"德文是 materialisiert，英文是 embodied or materialised，译自俄文的中文第一版把"对象化"译为了"体现"，脚注里的是"工人的一个工作日对象化的商品价值"[2]。再如，《劳动过程和价值增殖过程》里提到的对象化劳动，德文是 vergegenständlicht，英文译作 materialised，materialised labour，中文第一版译作"物化""物化劳动"。可以看到，中文第一版参照了英译本的含义，而目前的中文第二版直接回到了德文，将 vergegenständlichter Arbeit 统一译为"对象化劳动"，而不再译为"物化劳动"。

人从事劳动必须先有劳动对象，才能实现劳动主体的对象化、外化，或者说实现劳动主体的客观化、存在化。一方面，对象化劳动指人的能力或体力客观存在化，另一方面，对象化劳动需要自然界作为不可缺少的对象，因此，《1844 手稿》里的对象化劳动是一个联结劳动主体与劳动客体的关系概念，从系统科学的角度看，对象化劳动是一个结构概念、一个系统概念，对象化劳动从而劳动是以劳动主体与劳动客体两个要素构成的系统。借助异化劳动对资本主义社会系统对抗性结构所做的批判，马克思进入了对象化劳动所表征的劳动主体与客体相互作用的系统。

---

[1] 《马克思恩格斯全集》第 44 卷，人民出版社 2001 年版，第 51 页。
[2] 《马克思恩格斯全集》第 44 卷，人民出版社 2001 年版，第 58 页。

第三节　异化劳动理论：马克思的社会系统学发端

从现代系统范式的角度看，异化劳动理论事实上可以看作是马克思的社会系统学的一部分，或者说，它反映了马克思社会学的系统视野，反映了马克思把资本主义社会当作一个相对独立的系统，对其内部结构关系及其与外部环境关系所形成的批判性认识。对于资本主义社会系统而言，阶级结构是其内部结构，而自然界是其外部环境。马克思从对内部结构的批判引出了外部结构。

异化劳动理论从异化劳动的现象也就是异化劳动的经验事实入手，在探究异化劳动的原因中，从社会系统的阶级对立，中间经过异化劳动、劳动外化、对象化劳动等过渡性的批判性分析，由人身之外到人身之内，事实上把人当作一个生物学灰箱系统，发现了人的劳动的创造性，发现了劳动的放大功能，找到了人的劳动的自然属性和放大功能是异化的自然原因。没有人的对象化劳动，没有劳动的放大功能，是不可能存在不劳动的人去占有从事劳动的人的产品的，也就不可能存在前者占有后者的人身。

马克思在找到异化的自然原因的同时，也找到了异化的社会原因。劳动作为人、作为劳动主体外化的这个事实，既可以是肯定劳动主体的事实，也可以是否定劳动主体的事实。不从事劳动的主体占有了劳动对象，占有了劳动条件，占有了劳动系统中的客观要素，导致占有了劳动结果，占有了劳动产品，从而占有了劳动系统中的主观要素和主体要素，占有了劳动主体。劳动产品本来是劳动主体外化的结果，是劳动主体外化的事实，本应反馈回劳动主体，可是这个事实没有被劳动主体占有，却被不劳动的主体占有，不是肯定劳动主体而是否定劳动主体,这就是异化。在人和自然的关系中,劳动对象、劳动客体是劳动的必不可少的客观条件,而占有了劳动对象就占有了劳动的客观条件,对劳动客观条件的占有关系不同,导致了不同的阶级,形成了人与人之间不同的关系。对劳动对象的占有状况,是阶级产生的社会原因,也是阶级划分的标准,是社会系统分解为阶级子系统的标准。不同的阶级来源于不同的劳动条件关系。存在阶级意味着社会分裂,而阶级的存在、社会的分裂是异化的社会原因,这导致了阶级对立、阶级矛盾、阶级冲突。劳动的对象化只是异化劳动的自然条件,是异化劳动的自然原因,而社会的原因才把劳动的对象化、劳动的外化变成了劳动的异化,异化劳动是社会借助自然之手造成的。

异化劳动理论对对象化劳动或者劳动的自然属性的揭示,对于认识占有或所有制具有重大意义。占有本来的一重含义是劳动主体对劳动客体的占有,是工人对劳动对象的占有,是人对自然的一重占有,是劳动本身;另一重含义是人为了维持生命而消费生活资料,是人对自然的另一重占有。这两重占有组成的整体,就是生物学意义上人的生产和再生产。工人不占有劳动对象只是法权形式的丧失。而资本家对劳动对象或劳动客观条件的占有形成了资本家,这种占有只是形式的占有,并不是真实的占有,是抽象的占有,是借助制度安排、意识形态、上层建筑的占有,是法权形式的占有,从根本上说都可以归结为借助社会形式的占有。可是,这种不真实的占有却会产生真实的占有。不开花却能结果。就是说,对劳动条件、劳动对象抽象的、法权形式的占有却会导致对劳动产品、生活资料真实的占有,通过占有另一部分人的劳动对象去间接占有后面这部分人的人身。

无产阶级是从什么地方来的?马克思在此前的《黑格尔法哲学批判》中没有解决的这个问题,这里有了初步的答案。工人(德文是 Arbeiter,也可以译为劳动者）本来只是劳动主体，因为丧失了劳动条件，丧失了劳动客体，就成了无产阶级；资本家本来也应该是劳动主体，应该从事劳动来养活自己，可是因为占有劳动条件，占有了劳动客体，就成了有产阶级。

异化劳动理论运用了系统层次分析。他从最高层次的社会系统自上而下、从高向低展开，从对社会系统内部阶级结构的批判性认识进到经济子系统的分析，从对经济子系统的认识进到人—自然界系统的认识，社会系统中其他那些暂时被舍象的中间层次系统，如政治、文化、民族、军事，重新获得了解释：它们都是由劳动生成的，都必须以劳动作为首要前提。异化劳动理论既是对经济子系统的系统分析和系统综合，也是对社会系统的系统分析和系统综合，于是成为社会学理论和经济学理论的综合认识系统。

一些学者注意到了马克思社会学里的阶级理论与马克思经济学之间的联系，但是，由于缺少对阶级结构分析与劳动自然属性等中间理论环节的分析，一些想为马克思提供论证的研究反而不如一些正直的资产阶级经济学学者的研究中肯。熊彼特（Joseph Alois Schumpeter）指出，马克思既是社会学家，也是经济学家。他说："虽然马克思从社会学角度即以私人控制生产手段制度为资本主义下定义，但资本主义社会的机械学[①]却是由他的经济理论提供的。这个经济理论表明，包含在阶级、阶级利益、阶级行为、阶级间交替这类概念中的社会学论据是怎样通过经济价值、利润、工资、投资等的中介而作出的，它们又怎样精确地产生最后将打破自己制度框架同时为另一个社会制度出现创造条件的经济过程。这个特殊的社会阶级理论是分析工具，它联结经济史观和利润经济概念，调度所有的社会事实，使所有现象集中在

[①] 注：英文为 mechanics，物理学里把它译为力学。在我看来，译为"力学"更符合作者原文意思。因为作者的比喻意在说明：马克思经济学之于资本主义就像力学之于物理。

一个焦点上……但首先我们必须了解马克思的经济机械学①如何完成他的总计划给予它的任务。"②

熊彼特的上述话语其实已经提示了《1844 手稿》包含着科学与人文的会通。

---

① 同前注的理由,译为"经济力学"更符合作者原文意思。
② [美] J. 熊彼特:《资本主义、社会主义与民主》,吴良健译,商务印书馆 1999 年版,第 64 页。

第三章　系统哲学与马克思主义哲学

量子力学创始人之一海森堡说："在人类思想发展史中，最富有成果的发展几乎总是发生在两种不同思维方法的交会点上。它们可能起源于人类文化中十分不同的部分，不同的时间，不同的文化环境或不同的宗教传统。因此，如果它们真正地汇合，也就是说，如果它们之间至少关联到这样的程度，以至于发生真正的相互作用，那么我们就可以预期将继之以新颖有趣的发展。"①

鸦片战争后，西方资本主义工业文明和西方文化逐步开始对中国发生深远而广泛的影响。东方的古老中国选择了社会主义道路，来自西方的马克思主义成为中国革命的行动指南，马克思主义中国化的命题自然而生。

马克思主义一分为三而为马克思主义哲学、科学社会主义、政治经济学，已是一定时段的传统。作为传统结果的一部分，本书的主要目的是探讨马克思经济学与现代系统范式的关系，因此，比较系统哲学与马克思主义哲学的关系，是从一般的角度比较现代系统思想与马克思经济学范式的关系，为探讨提供初步的哲学论证，在论证的同时探讨的范围不免也就扩大了。

---

① 转引自［美］F. 卡普拉：《物理学之"道"——近代物理学与东方神秘主义出版社》，朱润生译，北京出版社1999年版，扉页。

作为系统的研究对象，总是处在一定环境中的系统，对一个系统的研究需要适当研究它所处的环境。马克思主义哲学有着自己产生的土壤，系统哲学也不例外，而作为世界三大哲学传统之一的中国哲学更是有着与中国同样古老而源远流长的历史。这样就不得不引出西方哲学、马克思主义哲学、系统哲学、中国哲学的关系问题。四者之间按照排列组合可分为六对关系：西方哲学史中的马克思主义哲学、中国哲学与西方哲学的关系、中国哲学与马克思主义哲学的关系、西方哲学史中的系统哲学、中国哲学与系统哲学的关系、系统哲学与马克思主义哲学的关系。每对关系都不是小题目。① 好在除开系统哲学外，学界早已展开了中、西、马三者之间的对话，并提出用历史的办法来处理六对关系，看起来复杂的六对关系不仅能被简约，而且我们的认识也可以在简约中得到深化。②

---

① 谢地坤针对中国哲学面临的问题和任务时，提出："从哲学学科的分裂转变为哲学通才。哲学原本就是百科全书式的学问，哲学教育必须是通才的，哲学人才应当具有广博知识，应当是全面而专深的。我们再不能一方面反对孤立地、片面地看问题，另一方面却人为地搞学科划界，实质上还是在搞形而上学！我们再看看人类两千年来的那些大哲学家们，他们同时也是政治学家、文学家、社会学家、经济学家等，他们本身已经说明，哲学不是一门具体学科，而是各门学科的总结和精华。"（见谢地坤：《中国哲学的现状、问题和任务》，载《中国社会科学》，2008年第5期；《哲学研究的范式转换——从当代世界哲学发展的图景来看》，载《社会科学战线》，2018年第1期）

② 张汝伦：《旧学商量加邃密 新知培养转深沉——四十年来西方哲学研究的反思与前瞻》，载《哲学动态》，2018年第9期。作者在批评了40年来中国西方哲学研究是"貌似无涉功利的拿来主义，其实是一种典型的功利心态的产物"后，特意强调了哲学史对于西方哲学研究的重大意义："任何一个哲学家，总是在前人思考和工作的基础上展开他自身的研究工作的，只有了解我们研究对象的影响者、对话者、被影响者，以及他们之间的互动关系、这些哲学家所要解决的问题（总是哲学史留下的），一句话，只有了解他们在其中扮演重要角色的哲学史（哲学史不是哲学编年史，而是哲学问题的发生史、展开史和解决史）的方方面面，我们才能真正理解他们的思想和哲学。而对于那些里程碑式的哲学家，不了解全部哲学史，我们甚至都无法真正读懂他们的著作"，"由于对西方哲学采取'铁路警察各管一段'的做法，我们的西方哲学研究者往往以某某专家自居、自雄，根本不把融会贯通作为自己研究的根本目标。这已经不是'隔行如隔山'，而是'隔人如隔山'"，"实际上任何一个西方哲学家都不等于西方哲学和西方哲学史，要真正了解和掌握西方哲学的特点和实质，决不能只研究某个西方哲学家；要真正了解某个西方哲学家及其思想，必须将他置于整个西方哲学史的语境中"。

第一节　现代西方哲学与马克思主义哲学

国内学界一般把 19 世纪初德国古典哲学解体之后的西方哲学划分成现代西方哲学和马克思主义哲学，把 19 世纪中叶以来主要流行于西方资本主义国家的各种哲学流派总称为现代西方哲学。

可以看到，马克思主义哲学与现代西方哲学的形成和发展基本上处于同一时代，它们所处的科学、认识发展、包括经济和政治在内的社会历史的诸多要素组成的环境是相似的，都面临着如何继承西方古典哲学的遗产问题。因此，与本书有关的西方哲学与马克思主义哲学关系问题，范围也就大大浓缩为现代西方哲学与马克思主义哲学的关系问题。[①]

一、现代西方哲学人本主义和科学主义思潮

一般认为，现代西方哲学虽然流派和人物众多，但大体上花开两朵：人本主义思潮和科学主义思潮。从大部分流派看，现代西方哲学的主要特点是反对以心物二分为出发点的本质主义，试图超越把哲学按唯物主义和唯心主义、经验论和唯理论划分的做法。现代西方哲学大多或者以科学、或者以人本身的存在作为出发点，于是他们把其中偏重科学的流派称为科学主义，把偏重人本身存在的流派称为人本主义。[②]

[①] 关于德国古典哲学与马克思哲学的关系研究已经相当广泛而深入，暂且存而不论。
[②] 也有学者认为，现代西方哲学应该划分成理性的真理的哲学与自由、价值的哲学两大思潮，见江天骥：《科学主义和人本主义的关系问题》，载《哲学研究》，1996 年第 11 期。

所谓人本主义思潮，也叫非理性主义思潮。"一些哲学家提出：哲学应当突破以认识论为核心的传统哲学的模式，应由以往经验派和理性派哲学家所强调的对外部自然界的研究转向对人本身的内心结构的研究，由对主客二元分立的关系、思维和存在的关系的研究转向对主体本身的内在结构的研究；由倡导感觉经验或者理性思维的可靠性转向肯定人的内在的心理体验和非理性的直觉；由对普遍的人性，即人类共同体以及普遍的自由、平等、博爱的颂扬转向对它们的否定，转向对个人的独特个性、生命、本能的强调。这也就是要求冲破以往哲学家用普遍的绝对的理性概念（不管是哲学的、神学的还是科学的）编织的束缚人的独特的生存和个性的罗网，恢复和维护人的本真的，发现和发挥人的内在的生命力和创造性。人本主义思潮由此开创。"① 它大体包括叔本华和尼采的唯意志主义、德法生命哲学、存在主义、弗洛伊德主义、哲学人类学。现象学、解释学等流派与这一思潮关系密切。作为人本主义思潮开创者的叔本华哲学略晚于黑格尔哲学。②

对人本主义的另一个理解来自费尔巴哈。人本主义是德文 Anthropologismus 的意译，又译"人本学"。Anthropologismus 来自两个希腊文词源 antropos 和 logos，意为"人"和"学说"。Anth－－这个词本来是自然科学领域里人类学的专用术语。但在西方哲学史上，直到费尔巴哈为止，都借用来表示一种以人为本体的哲学，即哲学人类学。中国学者注意到了这种名不副实的矛盾，于是就把费尔巴哈所说的 Anth－－译作"人本"，用来指费尔巴哈和之后俄国的车尔尼雪夫斯基为代表的人本学唯物主义，即把人生物化的形而上学唯物主义学说。费尔巴哈由于把庸俗唯物主义同一般的唯物主义混为一

---

① 刘放桐等：《现代西方哲学》，人民出版社1981版，第6页。
② 罗素把19世纪以后也就是现代西方哲学概括为浪漫主义和理性主义两大思潮，见［英］伯特兰·罗素：《西方哲学史》，何兆武、李约瑟译，商务印书馆版1976年版，第263页。

谈，避免采用甚至反对"唯物主义"这个术语，因而将自己的哲学称作"人本主义"或"哲学中的人本主义原则"。车尔尼雪夫斯基也将他的唯物主义学说称作"人本主义"，并把他的哲学著作命名为《哲学中的人本主义原理》。他们都反对把灵魂和肉体分割为两个独立的实体，反对把灵魂看作第一性的唯心主义观点。但他们所了解的人，只是生物学意义上的自然人，只是抽象的、一般的人，而不是社会的人。

所谓科学主义思潮也叫实证主义思潮。"另有一些哲学强调哲学应当以实证自然科学为基础，应成为自然科学的方法论和认识论。他们由此既反对以黑格尔为代表的理性派思辨唯心主义，也反对17—18世纪的唯物主义，认为他们都把哲学变成了形而上学，而后者束缚和限制了科学，但他们由此反对哲学探索自然的本质、寻求事物的客观规律，他们主张哲学应以描述经验事实为限，以取得实际效用为目标，他们大体上继承了以休谟为典型的经验派哲学传统。但是他们不满意休谟的怀疑论，更不满意旧的经验论由于缺乏实证自然科学根据而带有的思辨性，他们要求建立一种排除思辨形而上学、追求实证（经验）知识的可靠性、确切性的哲学。"科学主义思潮由此开创。其创始人是法国哲学家孔德和英国哲学家、经济学家约翰·斯图亚特·穆勒，属于这一派的有实证主义、马赫主义、科学哲学，美国的实用主义大体可以归为这一思潮。①

二、马克思主义哲学对两大思潮的超越

现代西方哲学两大思潮的分化刚刚露头之时，马克思主义哲学就诞生

---

① 刘放桐等：《现代西方哲学》，人民出版社1981年版，第7页。

了，表现出既不同于科学主义也不同于人本主义的特征。马克思主义哲学以自然与人、事实与价值的统一、人的理性存在与非理性存在的统一为出发点，超越了两大思潮。① 它既秉持哲学能够成为一门科学的信念，在高举理性和科学旗帜的同时，承认人的非理性能力的存在及其在认识和实践中的重要作用。一方面坚持科学精神，但反对科学主义；另一方面坚持人文精神和以人为本，但反对人本主义。

马克思对于人文精神的坚持而反对人本主义，我们从他由革命民主主义向历史唯物主义转变时可以看到这一点。在《1844年经济学哲学手稿》（以下简称"《1844手稿》"）中，马克思不仅原则性地指出了自然科学与人文社会科学统一成一门科学："自然科学往后将包括人的科学，正像关于人的科学包括自然科学一样：这将是一门科学"②；而且也原理性地指出了科学主义与人本主义的统一③："圣西门相反，他把工业劳动本身说成本质，因此渴望工业家独占统治，渴望改善工人状况。最后，共产主义是扬弃了的私有财产的积极表现"，"共产主义是私有财产即人的自我异化的积极的扬弃，因而是通过人并且为了人而对人的真正占有；因此，它是人向自身、向社会的即合乎人性的人的复归，这种复归是完全的，自觉的和在以往发展的全部财富的范围内生成的。这种共产主义，作为完成了的自然主义＝人道主义，而作为完成了的人道主义＝自然主义，它是人和自然界之间、人和人之间的矛盾的

---

① 刘放桐：《马克思在哲学上的革命变更对西方现当代哲学的超越》，载《哲学研究》，2001年第8期。"马克思主义哲学的产生是人类哲学发展史上最伟大的革命变更。它与西方哲学的现代转型虽有共同之处，但由于二者的社会阶级基础根本不同，在理论形态上也必有原则性区别。马克思主义哲学不仅从根本上超越了包括近代哲学在内的全部西方传统哲学，彻底地克服了它们的种种片面性和局限性，而且也从根本上超越了西方现当代哲学，同样避免了它们的种种片面性和局限性。"
② 《马克思恩格斯全集》第3卷，人民出版社2002年版，第308页。
③ 注：以下引文中的黑体字均为马克思原文所加。

真正解决。"① 这里，"积极的"德文是"positive"，考虑到孔德是圣西门的秘书，孔德的《实证哲学教程》几卷先后于 1830 年、1835 年、1838 年、1839 年、1841 年和 1842 年在巴黎出版，孔德的实证主义哲学当时非常流行，马克思正是在巴黎写的《1844 手稿》，我们由此推测：马克思由论述圣西门从而联想到"实证"一词，这样的推测应当是合理的。因此，这里的"positive"不仅应按平常的意义理解为"积极的"，还应当按哲学术语理解并译成"实证的扬弃"，这样我们就能更加清晰地看到，马克思不仅仅把共产主义看成是理论主张，而且把它看成是实实在在的运动。共产主义不仅仅是哲学思潮，也是历史哲学，是现实的政治思潮。因此，他随后指出："社会主义是人的不再以宗教的扬弃为中介的积极的自我意识，正像现实生活是人的不再以私有财产的扬弃即共产主义为中介的积极的现实一样"②。

马克思在《1844 手稿》里同时使用了人道主义与人本主义，但多次提到"人道主义"（Humanismus）的这个术语，是费尔巴哈人本主义（Anthropologismus）或人本学（Anthropologie）的代用词，而不是传统的伦理学意义的人道主义或文艺复兴时代的人文主义。③ 马克思在《1844 手稿》中阐述的是以人为本体的哲学思想。他并不完全赞同费尔巴哈的人本主义思想，同时很不满意费尔巴哈的用语，因而宁愿用"人道主义"这个术语来表达自己的人本主义思想。只有在不得已的情况下才沿用了费尔巴哈的用语——Anthropologie，不过都是用的形容词形式。

从《1844 年经济学哲学手稿》到《德意志意识形态》前后一年的时间内，马克思、恩格斯批判旧唯物主义、树立唯物史观和创立政治经济学理

---

① 《马克思恩格斯全集》第 3 卷，人民出版社 2002 年版，第 294、297 页。
② 《马克思恩格斯全集》第 3 卷，人民出版社 2002 年版，第 311 页。
③ 叶林：《为"人本学"正名—<1844 年经济学哲学手稿>学习笔记》，载《马克思主义研究》，1983 年第 2 期。

论，几乎是同时的，也有着认识上的一贯性和必然性。不论是以叔本华哲学为起点的人本主义思潮，还是以费尔巴哈哲学为代表的人本学唯物主义，都是针对黑格尔哲学的。它们的出现标志着黑格哲学的解体。但费尔巴哈哲学对黑格尔哲学的批判并不彻底，走向了另一个极端，就是把黑格尔哲学中正确、合理的一面即辩证法也给否定了，因此，恩格斯后来在总结这段历史时指出，费尔巴哈哲学标志着德国古典哲学的终结，而马克思主义才是德国古典哲学解体后真正结出的果实。①

马克思主义对费尔巴哈哲学的批判，既是对旧唯物主义的批判，也包含着对现代西方哲学人本主义思潮的批判。在马克思主义看来，哲学思潮不过是人们社会存在的一种反映，是社会意识形态的一种形式，因此，哲学思潮可以归结为社会存在。而人不仅是个体存在，更是社会存在，社会存在才是人的本质。人既是理性的存在，也是非理性的存在；人是理性存在与非理性存在的统一。他说："人作为对象性的、感性的存在物，是一个受动的存在物；因为它感到自己是受动的，所以是一个有激情的存在物。激情、热情是人强烈追求自己的对象的本质力量。"②

马克思从可能与现实的角度进一步阐述了人的非理性本质与存在的对立统一关系，指出人的非理性本质以自己特殊的形式存在化、现实化。他说："如果人的感觉、激情等等不仅是［本来意］义上的人本学的规定，而且是对本质（自然）的真正本体论的肯定；如果感觉、激情等等仅仅因为它们的对象对它们是感性地存在的而真正地得到肯定，那么不言而喻：（1）对它们的肯定方式决不是同样的，相反，不同的肯定方式构成它们的存在的、它们

---

① 恩格斯：《路德维希·费尔巴哈和德国古典哲学的终结》，见《马克思恩格斯选集》第4卷，人民出版社2012年版，第220页。
② 《马克思恩格斯全集》第3卷，人民出版社2002年版，第326页。

的生命的特殊性；对象以怎样的方式对它们存在，这就是它们的享受的特有方式……（4）只有通过发达的工业，也就是以私有财产为中介，人的激情的本体论本质才在其总体上、在其人性中存在；因此，关于人的科学本身是人自己的实践活动的产物。"① 这里，马克思指出并肯定了人的非理性本质，人的非理性本质是人的社会本质的另一种表现形式，但人的非理性本质仍然是抽象的、潜在的本质，需要通过工业、通过实践具体化、存在化、证实和展开。结合马克思对于共产主义的认识，可知马克思认为私有财产既异化了人的理性本质，也异化了人的非理性本质，因此，在肯定工业和实践的作用的同时，需要用社会主义和共产主义来扬弃私有财产，人的非理性本质才能真正得到实现。马克思对于人文精神的把握远比后来发展起来的现代西方哲学人本主义思潮深刻得多，走在了它们的前面。②

另一方面，对于科学主义思潮的局限性，马克思对科学主义思潮的两个主要创始人的哲学思想也同样做出了批判，只是这种批判没有放在哲学里，而是放在了经济学里。马克思批判约·斯·穆勒"企图调和不能调和的东西"③、"在李嘉图以后半个世纪，还在拙劣地重复那些最先把李嘉图学说庸俗化的人的陈腐遁词，郑重其事地宣称他比重商主义者高明"④，并对其辛辣地讽刺道："现代资产阶级的平庸，从它的'大思想家'的水平上就可以看出来。"⑤ 对孔德主义，他说："人们对《资本论》中应用的方法理解得很差"⑥，"例如，巴黎的《实证论者评论》一方面责备我形而上学地研究经济学，另一方面责备我——你们猜猜看！——只限于批判地分析既成的事实，

---

① 《马克思恩格斯全集》第3卷，人民出版社2002年版，第359页。
② 卡夫卡的《变形记》，在晚了近70年后，才艺术地再现了马克思异化劳动的这个思想。
③ 《马克思恩格斯全集》第44卷，人民出版社2001年版，第18页。
④ 《马克思恩格斯全集》第44卷，人民出版社2001年版，第590页。
⑤ 《马克思恩格斯全集》第44卷，人民出版社2001年版，第592页。
⑥ 《马克思恩格斯全集》第44卷，人民出版社2001年版，第19页。

而没有为未来的食堂开出调味单（孔德主义的吗？）"①。

综上可以看出，马克思主义实际上把科学主义和人本主义看成对立统一的思潮，用共产主义、科学社会主义、实践观统一从而超越了两者。对此，罗素精确地指出："马克思的历史哲学是黑格尔哲学和英国经济学的一个掺和体。他和黑格尔一样，认为世界是按照一个辩证法公式发展的"，而"在马克思看来，推进力其实是人对物质的关系，其中最重要的部分是人的生产方式。这样，马克思的唯物论实际上成了经济学"，"据马克思的意见，人类历史上任何时代的政治、宗教、哲学和艺术，都是这个时代的生产方式的结果，退一步讲也是分配方式的结果……这个学说称作'唯物史观'。"②

第二节 中国传统哲学与现代西方哲学的会通

如果说马克思主义哲学不仅超越了西方古典哲学，也超越了现代西方哲学两大思潮，那么，代表西方最高成就的马克思主义哲学能为中国人所选择，这是正面临几千年未有之大变局的中国之幸运。进入现代化进程时的中国现实虽然落后于西方，但在哲学上却走在了西方的前面。

本土的毛泽东（1893年—1976年）与后来留学法国的张申府（1893年—1986年）、胡适（1891年—1962年）、冯友兰（1895年—1990年）、金岳霖（1895年—1984年）、汤用彤（1893年—1964年）等后来的英美海归们，他们岁数相差无几，换言之，当他们开始进入中国历史舞台时，正处于同一

---

① 《马克思恩格斯全集》第44卷，人民出版社2001年版，第19页。
② ［英］罗素：《西方哲学史》，何兆武、李约瑟译，商务印书馆1976年版，第339—340页。

历史环境，面临同样的难题，因此，毛泽东与海归们对中国传统哲学与西方哲学关系的理解、彼此交往中的影响、不同道路的选择、历史上中西哲学两种甚或更多会通的可能性，是非常值得回顾、比较和深究的。

一、中西方哲学会通的主流：马克思主义中国化

毛泽东的特殊地位，使得他不像上述其他人，接受马克思主义不是一个人的事，而是一个政党组织的事。中国革命的成功，不仅仅是一个人的成功，也不仅仅是一个政党的成功，更是一个阶级的成功。影响了如此多的人口的哲学势必会引出这样的问题：为什么是马克思主义哲学成为会通中国近代哲学与西方哲学的主流，而不是现代西方哲学的两大思潮或别的什么思想资源？①

从现实的角度看，救亡图存是深受西方帝国主义列强侵略、欺凌的中国最大的历史主题，而马克思主义作为对现代资本主义批判的思想武器，能够承担指导中国革命取得胜利的重任。关于中国近代史上的革命与西方的发展互动关系，马克思在论述太平天国起义与欧洲关系时指出："有一位思想极其深刻但又怪诞的研究人类发展原理的思辨哲学家，常常把他所说的两极相联规律赞誉为自然界的基本奥秘之一。在他看来，'两极相联'这个朴素的谚语是一个伟大而不可移易的适用于生活一切方面的真理，是哲学家所离不开的定理，就像天文学家离不开开普勒的定律或牛顿的伟大发现一样。"②"'两极相联'是否就是这样一个普遍的原则姑且不论，中国革命对文明世界

---

① 黎红雷：《会通与融合——马克思主义哲学、中国传统哲学与西方哲学的互动》，载《哲学动态》，2006 年第 5 期。
② 马克思：《中国革命和欧洲革命》，见《马克思恩格斯选集》第 1 卷，人民出版社 2012 年版，第 778 页。

很可能发生的影响却是这个原则的一个明显例证。欧洲人民下一次的起义,他们下一阶段争取共和自由、争取廉洁政府的斗争,在更大的程度上恐怕要决定于天朝帝国(欧洲的直接对立面)目前所发生的事件,而不是决定于现存其他任何政治原因……这看来像是一种非常奇怪、非常荒诞的说法,然而,这决不是什么怪论,凡是仔细考察了当前情况的人,都会相信这一点。"① 马克思预见到:"可是现在,当英国引起了中国革命的时候,便发生一个问题,即这场革命将来会对英国并且通过英国对欧洲发生什么影响?这个问题是不难解答的。"② "所以可以有把握地说,中国革命将把火星抛到现今工业体系这个火药装得足而又足的地雷上,把酝酿已久的普遍危机引爆,这个普遍危机一扩展到国外,紧接而来的将是欧洲大陆的政治革命。"③ 马克思已经站在哲学的高度看到东西方的交往,并指出了中国对西方的影响。

从理论上说,中国接受马克思主义与中国传统哲学有关。中国传统哲学有着悠久的朴素唯物主义和朴素辩证法及其统一的传统,而马克思主义哲学是唯物主义和辩证法高度的统一。所以,中国传统哲学和马克思主义哲学具有某种程度的一致性。④

二、以西释中:西方哲学参照下的中国哲学

中国哲学史是在西方影响下形成的,冯友兰用"周虽旧邦,其命维新"

---

① 马克思:《中国革命和欧洲革命》,见《马克思恩格斯选集》第 1 卷,人民出版社 2012 年版,第 778 页。
② 马克思:《中国革命和欧洲革命》,见《马克思恩格斯选集》第 1 卷,人民出版社 2012 年版,第 781 页。
③ 马克思:《中国革命和欧洲革命》,见《马克思恩格斯选集》第 1 卷,人民出版社 2012 年版,第 783 页。
④ 朱成全:《论马克思主义哲学与中国传统哲学》,载《东北财经大学学报》,1999 年第 2 期。

来类比近代中国受到西方文化的冲击,在《中国现代哲学史》①一书中,他叙述了自己、略长的熊十力、基本同龄的金岳霖以及毛泽东等哲学思想。

张岱年曾评价说:"当代中国哲学界最有名望的思想家是熊十力先生、金岳霖先生和冯友兰先生,三家学说都表现了中西哲学的融合。……在熊氏体系中,'中'层十分之九,'西'层十分之一。……金先生的体系可以说是'西'层十分之九,'中'层十分之一。唯有冯友兰先生哲学体系可以说是'中'、'西'各半,是比较完整的意义上的中西结合。"② 这段话想表明:冯友兰的哲学史不偏不倚,能平衡地吸收中国传统哲学与西方哲学长处的优点。

张岱年(1909年—2004年)、牟宗三(1909年—1995年)、钱锺书(1910年—1998年)差不多是同龄人,比冯友兰等晚一辈,或受教、或受影响于冯友兰等学者。张岱年与钱锺书深得其兄张申府的欣赏。而牟宗三的老师熊十力说:"宗三出自北大,北大自有哲学系以来,唯此一人为可造。"③ 因此,他们三人关于中西哲的关系认识也值得关注。

牟宗三反对唯物史观,被看作是新儒家的代表之一,没有新中国的生活经历。从他身上,我们可以看到一个不受马克思主义影响的人如何去会通中西方哲学。牟宗三比较独特的是把西方哲学一分为三,认为在柏拉图传统和康德传统之外,还有一个莱布尼茨、罗素传统④,原因在于这派开创了数理逻辑。他认为:"古代的哲学由古希腊起到康德以前的哲学都汇到康德处,康德以后的哲学都由康德开出。""故读哲学的人一定要读康德,否则是胡思

---

① 这部书事实上是他《中国哲学史新编》的最后一册,但却因为某种原因没有随同前六本一起出版。
② 转引自冯友兰:《中国现代哲学史》,广东人民出版社1999年版,第268页。
③ 牟宗三:《中西哲学会通之十四讲》,上海古籍出版社1997年版,"出版前言"。
④ 牟宗三:《中西哲学会通之十四讲》,上海古籍出版社1997年版,第26页。

乱想或落入旁枝偏枝，而得不到学习哲学的正确途径。"① 为此，"只有康德的经济实在论与超越的观念论所开出的 phenomena（感触界）和 noumena（智思界）之分别，才可以与中国的哲学相接头，相会通"②。一句话，中西哲学应该通过康德哲学会通。

汤一介在回顾了历史上印度佛教融会中国、以冯契的贡献为例后，对中西哲学的会通提出了希望："一个多世纪以来的'中西古今'之争应该结束。我们必须看到，中国哲学、西方哲学各有所长……同时现在人们已经注意到人类文化正在走入新的轴心时代，而'新的轴心时代'必定是要回溯其文化源头、传承其文化命脉、会通古今之精华的新时代。中国哲学正处在这一中西融合、古今交会的转型期。"③

乔清举在汤一介的基础上做了较深入的研究。他说："但学界公论，真正奠定中国哲学学科基础的是冯友兰的《中国哲学史》上下卷（1931、1934）"，"中国哲学史的真正奠基之作是冯友兰的《中国哲学史》上下卷，采用的是新实在论。""就通史性研究而论，诚如杜维明所说，包括美欧和台港地区在内的中国哲学研究，虽然在不少具体问题上已经突破了冯友兰，但迄今为止仍尚未出现一部能够取代冯著的通史。这意味着，在中国哲学史研究范式的意义上，英美学者的思考尚未超出冯友兰的设定。""冯友兰的《中国哲学史》上下卷之所以至今仍是一部不可替代之作，就是因为它较为圆满地完成了中国哲学史学科的历史承担。"作者以此得出判断：迄今为止的中国哲学研究，基本上只有"以西释中"一种模式，不存在"本土化的研究"模式，如牟宗三以康德哲学来解释中国哲学；无论意识到或承认与否，迄今

---

① 牟宗三：《中西哲学会通之十四讲》，上海古籍出版社1997年版，第39页。
② 牟宗三：《中西哲学会通之十四讲》，上海古籍出版社1997年版，第101页。
③ 汤一介：《走出"中西古今"之争 融会"中西古今"之学》，载《学术月刊》，2004年第7期。

为止，中国哲学的价值大都是靠西方哲学挺立的。那么，中国哲学学科的世界意义在哪里呢？中国能否超越上述局限呢？作者列举了几个有代表性的迹象：台港地区的当代新儒学思潮、旅居美国的李泽厚的实践本体论哲学、大陆张立文的和合学、杨国荣的新道论哲学、胡孚琛的新道家哲学，均可谓哲学创造的典型例子。牟钟鉴提出了"新仁学"、陈来也提出了"仁学本体论"，这些体系性的哲学建构的出现和完善，将会使"合法性"焦虑涣然冰释。①

中国真的没有既有文化自信而又会通西方哲学或西方文化的吗？

事实上，相当多的文史哲学者对钱锺书的研究不太了解或者说不够重视，因此，也产生了一些误解。② 早在上世纪 70 年代，钱锺书已经在《管锥编》中明确全书打通东方文化与西方文化宗旨。书的第一卷第一章第一则在解释易、诗、王、伦、机等几个词一词多义后，话锋一转，马上批评黑格尔，说黑格尔在《大逻辑》序言里得意于德文有"奥伏芝变"（德文 aufheben，有的译为扬弃）这样一字蕴含相反两个意思的词，而中国文化和拉丁文化里就没有这样的词。钱锺书对黑格尔无知于中国文化作了同情性的批评，而对其由此隔阂了东学西学则作了严厉批评，说他把东学西学弄成了像

---

① 以上全部见乔清举：《中国哲学研究反思：超越"以西释中"》，载《中国社会科学》，2014 年第 11 期。

② 如："钱锺书有学术而没有思想"。何新说："我认为，虽然钱先生博闻强记，学富五车，但自身却始终没有形成一种系统的哲学或主义，缺少一个总纲将各种知识加以统贯。所谓'七宝楼台，拆碎只见片断'。他也缺少一套宏观的方法论。"（见何新《我的哲学与宗教观》，时事出版社 2001 年版，第 80 页）余杰说："在互联网时代，人的记忆能力连一台普通的家庭电脑都不如。一名优秀学者，当然需要知识的积累，但更需要见识和勇气。钱锺书的学问，大都停留在'资料汇编'的阶段"，"中国当代作家笔下只有'小聪明'而没有'大智慧'，此类作家的代表便是被奉为'文化昆仑'的钱钟书"。（见余杰：《钱钟书是中国人文化心理上的一道花边》，http：//www.tianya.cn/publicforum/content/no01/1/397530.shtml）李洪岩对此做了辩解，认为钱锺书正是吃了学问太多的亏，让人以为他只有满纸的学问，而没有思想。近来已经有学者认为，钱锺书是与顾准、李泽厚、王元化一样的思想家。（见夏中义：《思想默存于学术：作为思想家的钱锺书》，载《探索与争鸣》，2016 年第 10 期）

马牛风一样不相干的东西。这其实是钱锺书效仿李商隐写《锦瑟》一诗的做法，在书序之后继续阐明自己的意图和宗旨：打通东学西学、今人古人、文史哲经译，实际上是打通所有人文社会科学。① 因此，第一段末尾惋惜黑格尔的"承学之士"不是别人，正是他自己。②

德国古典哲学以黑格尔哲学为最高阶段，黑格尔哲学的解体，也就意味着德国古典哲学的终结，也意味着西方哲学转入现代阶段。因此，钱锺书选择黑格尔作为批判对象，其实也即意味着他是接着西方古典哲学之后讲的，实际上也就包含着中国被西方打开国门后的反思。

第三节　现代西方哲学背景下的系统哲学与中国当代哲学

一、"二战"前的系统科学和系统哲学背景

罗素认为，19世纪思潮"一个是浪漫主义、一个是理性主义。（我是按广义使用这两个词的）。浪漫主义的反抗从拜伦、叔本华和尼采演变到墨索里尼与希特勒；理性主义的反抗始于大革命时代的法国哲学家，稍有缓和

---

① 朱虹：《两位文化巨人的相会》，载《中国社会科学报》，2010年11月25日。文中说，上世纪80年代初，美国哈佛大学英美文学与比较文学教授哈里·莱文（Harry Levin）应邀访华并拜见钱锺书先生。哈里·莱文是著作等身的哈佛顶级教授，据说陆登庭（Rudinsteine）校长到任后第一件事就是去拜望这位他当年的老师。莱文教授的高傲是有名的，连我们这些外人也有所耳闻。哈里·莱文与钱锺书会面结束后，快到宾馆了，突然冒出一句："我自惭形秽！"（原话：I am humbled!）作者问："为什么？"他说："我所知道的一切，他都在行。可是他还有一个世界，而那个世界我一无所知！"（原话：He has another world that I know nothing about.）他那语气，透着无限的遗憾。
② 钱锺书：《管锥编》第1卷，中华书局1979年版，第1—2页。

后，传给英国的哲学上的急进派，然后在马克思身上取得更深入的形式，产生苏俄这个结果。"① 把英国作家拜伦看作是现代西方哲学非理性主义思潮，文学启发了哲学思潮，有了这样的跨界现象和相应的认识②，罗素就把跨界的着力点具体用在数学上，在19世纪数学严谨化运动的方向上继续前行。"二战"中近70岁时，他在《西方哲学史》中以逻辑分析哲学收尾，说明他比较看重自己的综合：在数学中综合理性主义与经验主义。③ 过了14年后，在1959年的《我的哲学的发展》中更加鲜明地说：放弃毕达哥拉斯。④ 他认为，所谓柏拉图主义本质上来自毕达哥拉斯主义，放弃毕达哥拉斯，也就在一定程度上放弃柏拉图主义。

罗素虽然在数学中将理性主义与经验主义做了综合，可对有着生物学背景、酝酿着现代系统思想的哲学流派重视不够，而正是这个方向开出了一片新天地。他说："杜威所以爱好有机的东西，一部分是由于生物学，一部分是由于黑格尔派形而上学为基础，我不明白为什么探究预料要产生'统一的整体'。"⑤ 罗素尚且如此，更遑论中国哲学界。中国新文化运动兴起的科学浪潮刚开始没多少年，胡适、冯友兰虽师从杜威，一时还很难跟上西方自然科学的新进展，以及包含科学哲学在内的科学主义思潮的进展。

---

① [英]伯特兰·罗素：《西方哲学史》，何兆武、李约瑟译，商务印书馆1976年版，第263—264页。

② 钱锺书也有类似的见解："今之文史家通病，每不知'诗人为时代之触须（antenna）'（庞特语），故哲学思想往往先露头角于文艺作品，形象思维导逻辑思维之先路。而仅知文艺承受哲学思想，推波助澜"，"文艺与哲学思想交煽互发，转辗因果，而今之文史家常忽略此一点"（见杨子江编：《何新批判—研究与评估》四川人民出版社1999年第1版，第343页）。

③ [英]伯特兰·罗素：《西方哲学史》，何兆武、李约瑟译，商务印书馆1976年版，第389—390页。数学不仅是理性的科学，也是经验科学，数学界也形成了这样的认识。（见数学史学家[美]M.克莱因：《数学：确定性的丧失》，李宏魁译，湖南科学技术出版社1997年版）

④ [英]伯特兰·罗素：《我的哲学的发展》，温锡增译，商务印书馆1982年版，第191页。

⑤ [英]伯特兰·罗素：《西方哲学史》，何兆武、李约瑟译，商务印书馆1976年版，第383页。

柏格森（Henri Bergson 1859—1941）、杜威（John Dewey, 1859—1952）、怀特海（Alfred North Whitehead, 1861—1947）三人不仅基本同龄，而且也有着相似的地方。

柏格森哲学围绕时间—生命问题，提出一系列与当时思想界的科学主义和理性主义相左的新见解。这些新见解既吸收、利用了现代自然科学成果，又试图超越科学和理性，达到新的也就是科学的形而上学，它以生命冲动为基石，以时间为本质，以直觉为方法，包罗与人有关的一切理论领域。[①] 他把时间分为两种：一种是由钟表度量的时间，也叫做"空间化的时间"，一种是通过直觉体验到的时间，也叫做绵延。在前一种时间中，各部分处于均匀、互相分离的状态；而绵延则像河水一样川流不息，各阶段渗透、交融，汇合成一个不可分的永远处于变化中的运动过程。他认为绵延是唯一的实在，而科学的时间只是抽象的幻觉。[②]

澳大利亚亚历山大（Samuel Alexander, 1859—1938）的层创进化论认为，空间—时间是不可分的连续统一体，万物产生是一个不可逆方向展开的特殊过程，既有连续的变化、增加和减少，也有新质突然地偶然地出现。其结果是形成了很多层次的质的等级体系：空间—时间、无机物、有机物、生命、心灵、神。[③] 亚历山大哲学已经隐约包含了现代系统思想的两个特征：系统的层次性和系统演化的不可逆性。

美国数学家、哲学家怀特海的有机体哲学[④]启发了现代系统思想。他指出，机械论的分析本质容易把人的哲学引入歧途，他在吸收了相对论关于时空、物质与能量三者一体的认识成果后说："用物理学的语言来说，从唯物

---

① 刘放桐等：《现代西方哲学》，人民出版社1990版，第207页。
② 《中国大百科全书·哲学卷》，中国大百科全书出版社1987年版，第1060页。
③ 刘放桐等：《现代西方哲学》，人民出版社1990年版，第348页。
④ 也称过程哲学，见刘放桐等：《现代西方哲学》，人民出版社1990年版，第350页。

论向'有机实在论'的这种转化——正如这种新的观点可以被称呼的那样——是用流动的能量概念取代静止的质料概念"①，由此他认为，自然界是一个有秩序、有生命的整体，其中的原子、电子是原始有机体，也是反映整个宇宙的小宇宙，它与生命融为一体，自然界是活生生的、有生命的。自然界的实在本质就是"变"，是一系列时空事件，自然现象的最终单位是事件，应该用事件范畴来代替事物范畴，科学理论应当在完整机体这一概念基础之上进行改造，要用机体论来代替科学上的决定论。怀特海的有机体哲学把具有时间特征的过程与侧重于空间特征的有机体统一起来，在一定程度上调和了科学主义和人本主义，他没有鲜明地被归为科学主义或人本主义思潮，原因正在于此。他的思想对贝塔朗菲创立系统科学、拉兹洛创立系统哲学产生了直接而重要的影响。贝塔朗菲说："机体方案就是尔后著名的普通系统论的萌芽。"②拉兹洛说："终于我发现了怀特海。在他的'有机体'的哲学中，我相信自己已经找到了值得持续思考的答案"，"从柏拉图真正的共相哲学和亚里士多德的范畴大纲开始，经过中世纪的经院形而上学，直到柏格森、L. 摩尔根、S. 亚历山大和 A. N. 怀特海的现代过程哲学。系统哲学是这种进步的合乎逻辑的第二步。"③

二、从"二战"时的系统科学到 20 世纪 70 年代的系统哲学

美国、北美洲的系统哲学以贝塔朗菲和拉兹洛为代表，此外，还有詹

---

① [英] A. N. 怀特海：《过程与实在》，杨富斌译，中国城市出版社 2003 年版，第 564 页。
② [美] L. 贝塔朗菲：《普通系统论的历史和现状》，王兴成译，载《国外社会科学》，1978 年第 3 期。这里所说的普通系统论，就是后来的一般系统论。
③ [美] 欧文·拉兹洛：《系统哲学引论》，钱兆华等译，商务印书馆 1998 年版，第 27 页。也指出了怀特海的局限性，"怀特海作了发人深省的，但并不是最终的解答"。（该书第 4—5 页）。

奇、加拿大的邦格、拉波波特等的系统哲学。

系统哲学概念是 1968 年贝塔朗菲在建立了广义的一般系统论率先提出的。他早期认为：一般系统论是研究一切系统的共同规律的学科。我们可以看出，一般系统论相当于系统科学的哲学，用一般系统论来概括系统科学的共性问题。晚期他认为，系统作为新的科学范畴所引起的世界观方面的变化，就是系统哲学所要探讨的问题。在此基础上，他对一般系统论做了进一步的引申，认为一般系统论也就是系统哲学。一般系统论也有它的"科学之后"的方面，即哲学的方面。"系统"概念构成了一个库恩所说的新"范式"①。

为了对应传统哲学的分类，贝塔朗菲把系统哲学分成了系统本体论、系统认识论、系统价值论。系统科学里的范畴和规律经过系统哲学的提炼和改造，也就具有了哲学本体论、方法论、认识论的意义，具有了普遍性。系统哲学不再仅仅涵盖自然科学，而且把人文社会科学也包括进来。系统本体论着重研究"系"的含义及各个层次的系统如何实现等问题，系统认识论着重研究怎样用系统的方式认识世界、评价知识等问题，系统价值论着重讨论人与世界、人与人之间的关系。系统价值论把人和自然的关系看成一个系统：不仅把物理世界看作是"真实"的，也把符号、价值、社会实体和文化等看作是"真实"的；这样，宇宙就成为一个由人参与的等级体系，自然的和人文的两种"实在"就可以沟通；因而自然科学和人文科学"两种文化"之间也就架起了桥梁。②

E. 拉兹洛是研究系统论的美国著名哲学家。他沿着贝塔朗菲指出的方

---

① [美] L. 贝塔朗菲：《一般系统论——基础发展和应用》，林康义、魏宏森译，清华大学出版社 1987 年版，第 4—5 页。

② [美] 欧文·拉兹洛：《系统哲学引论》，钱兆华等译，商务印书馆 1998 年版，第 11 页。

向，于1972年提出了系统哲学的双透视论，对系统哲学做了详尽的研究和全面的发挥，被认为是系统思想在哲学方面的主要代表人物，也是继贝塔朗菲之后在美国推动"系统运动"的主要人物之一。

詹奇提出自组织的世界观，认为世界是一个自组织的、在自组织动力推动下共同进化、自我超越的过程。加拿大系统哲学家、科学实在论的代表人物邦格提出了自己的系统哲学，其显著特点之一是形式化。他首先提出了八条公理，尔后又构造了一系列的定义、定理和假设，从而建构起一个从物理、化学、生物、思维系统到社会和技术系统的庞大哲学体系。他认为，系统哲学的出现可以使哲学精确化，他坚持了本体论里的唯物主义和方法论里的系统主义。

美国出现系统哲学时，苏联东欧也出现了以萨多夫斯基、乌耶莫夫、库兹明、茹科夫、克劳斯为代表的系统哲学。

苏联学者 B. П. 萨多夫斯基1971年提出了一般系统论是元理论的观点，即一般系统论是关于各个实在系统理论的理论。

苏联学者 A. И. 乌耶莫夫1978年提出参量型一般系统论，他认为贝塔朗菲的一般系统论是用同构和同态等类比形式创立的，在实际运用中受到一定的限制。人们已经发现50多种独立的类比形式，其中许多可以用于发展类比型一般系统论，因此这种理论还可以得到发展。但对不同的系统进行类比，不是建立一般系统论的唯一途径。参量型一般系统论是用系统参量来表达系统的原始信息，再用电子计算机建立系统参量之间的联系，从而确定系统的一般规律。乌耶莫夫比较了唯物辩证法和系统范式，论证了辩证唯物主义联系观的一系列根本性的特征在系统方法中得到独特反映，认为系统方法把辩证唯物主义关于现象间普遍联系的原理加以具体化了。

苏联学者 B. П. 库兹明1983年提出了系统质的范畴，提出了从"实物中心论"到"综合系统中心论",并用系统方式研究了马克思的思想。

现代西方哲学进入20世纪中叶,逐渐兴起从分析重新走向综合、从部分重新走向整体的趋势,科学主义和人本主义出现合流的趋势。科学哲学虽然依然延续着科学主义思潮,但也进入了科学实在论和反实在论的尾声(见本书第九章),从上述代表人物之一邦格的科学唯物主义的系统本体论主张看,有向系统哲学转型的迹象。可以说,由于系统科学对自然科学和人文社会科学做了一次具有划时代意义的综合,以之为基础的系统哲学预示着现代西方哲学的新趋势,就是有可能再次超越现代西方哲学两大思潮,把两种思潮综合起来。

系统科学和系统哲学的代表人物认为,系统哲学代表了科学主义与人文主义合流的趋势。拉兹洛指出:"全面的综合实际上是物理学追求的理想,若干世纪以来这也是自然科学的范式。"[1] 普里高津说:"科学正在重新发现时间","西方科学因为把自然描述成一个自动机而造成的文化危机,这个自动机甚至不能给出过去与未来之间的任何内在差别。不过,我们认为这个危机正在从内部接近其解除。科学开始容纳它先前排除过的问题了。"[2]

有的学者指出,系统哲学代表了哲学的科学化与科学的哲学化,从局部上指出了系统哲学是科学主义与人本主义思潮合流的代表。哲学科学化表现在各门科学在哲学体系内部孕育成熟后纷纷独立出来,分析哲学成为20世纪欧美哲学的主导,哲学追随科学采用研究科学的方法研究哲学,结果分成各种越来越细的专科哲学,因为系统科学的出现而出现科学发展的整体化趋势,科学整体化的趋势就是科学的哲学化趋势,系统哲学把还原论与整体

---

[1] [美]欧文·拉兹洛:《系统哲学引论——一种当代思想的新范式》,钱兆华等译,商务印书馆1998年版,第1页。
[2] [比]伊·普里戈金、[法]伊·斯唐热:《从混沌到有序》,曾庆宏、沈小峰译,上海译文出版社1987年版,中文版序言,第2页。

论、决定论与非决定论的统一、动态与静态的统一结合起来，使哲学的科学化和科学的哲学化发展到了一个新的阶段。

有的中国学者从整体上进一步指出系统哲学在科学主义与人本主义思潮超越："系统哲学尽量包罗了当代科学的成果，对从宇宙的生成与人的认知能力的出现作出了迄今为止最为包容广大而圆通周全的解释。它已经有可能沟通分家已久的科学与哲学，沟通宇宙论与本体论，沟通自然与心灵，直到沟通唯物论与唯心论。这是一种最有希望的哲学，它有可能超越长期以来哲学家玄思冥想所发展出来的各种概念与术语而达到一个'最哲学的哲学'"①。有学者从现实意义的角度更加明确地指出了系统哲学对科学主义和人本主义思潮超越："系统哲学的产生，在哲学史上具有里程碑性的意义"，"当今的世界是一个全球性和全球化问题相交织的时代；当今的中国是一个前现代、现代与后现代相融合的时代；当今的科学面临着自然科学、社会科学和人文科学的大统一的形势；当今的人需要全面发展，而这些面对着系统复杂性问题，它需要一种复杂性哲学作为世界观与方法论，系统哲学堪当此任。"②

但是，原本大有希望的系统哲学，无心插柳柳成荫，在20世纪80年代改革开放初期的中国掀起了一场系统运动，却没有在西方产生很大的影响。即使在中国，到90年代也降温了。个中的缘由值得思考。在西方，现代系统思想更多地体现在人工智能及智能工业中的实际运用中③，也许这是表面的原因之一。深层的原因还是和资本主义制度有关。

---

① 李慎之：《序言》，引自闵家胤：《进化的多元论——系统哲学的新体系》，中国社会科学出版社1999年版，第1页。
② 黄小寒：《世界视野中的系统哲学》，商务印书馆2006年版，第612页。
③ 值得关注的是美国学者凯文·凯列1994年出版的《失控》一书的研究。

三、中国当代哲学背景下的中国现代系统思想

中国当代哲学是指1949年中华人民共和国建立以来的中国哲学，首先是中国共产党用来治理国家近70年的马克思主义哲学，同时又是作为学术在中国发展了70年的马克思主义哲学。

"二战"前后刚出现不久的现代系统思想传入新中国，正与中国当代哲学的发展同步，呈现出由系统工程—系统科学—系统哲学这样一条发展线索。中国的现代系统思想大体有两条演变路线。一条是由钱学森开创，沿着系统工程、系统科学转向系统哲学的路线，另一条是沿马克思主义哲学—自然辩证法—系统哲学这条路线。中华人民共和国建立后，国内没有专门设立自然哲学、科学哲学、科学学等与自然科学有密切关系的哲学分支，与此有关的研究都隶属于自然辩证法专业，关于系统思想的研究也是如此。不少学者对系统哲学的研究都始于自然辩证法研究："平时对普遍性东西的爱好和对世界统一性的追求，是我进入系统研究领域的一个原因。"①

从事现代系统思想研究的中国学者，有着一条较为清晰的学术代际传承、扩散的脉络。第一代是钱学森、许国志、于光远、肖前等学者，这部分学者多数是学习自然科学的，于光远、许国志、肖前学的是物理专业，在抗战全面爆发前后，已经读完大学，在中华人民共和国建立时已经学有所成。建国后，于光远、肖前等改为从事人文社会科学研究，由于系统科学和系统哲学当时尚在建立和发展中，因此，第一代学者所从事的并不是严格意义上的系统思想研究，他们的作用在于引领了第二代学者从事系统思想研究。第

---

① 朴昌根：《系统学基础》，四川教育出版社1994年，"前言"，第2页。

二代学者张华夏、舒炜光、陈昌曙、沈小峰、金吾伦、龚育之、魏宏森、柳树滋、董光璧、孙小礼等，大体出生在20世纪30年代，这些学者中有的是第一代学者的学生，如金吾伦、殷登祥师从于光远。中华人民共和国建立时，这一代学者已具备了一定的学术基础，能够及时跟上世界系统科学的进展，例如，中华人民共和国建立不久，有几位学者就翻译了系统科学的奠基性著作。第三代学者基本出生于40年代，是建国后培养的学者。比较有代表性的是曾国屏及其对耗散结构论、超循环论的研究，郭治安及其对协同学的研究，吴彤及其对复杂性的研究，黄小寒及其对系统哲学的研究，闵家胤及其对系统哲学的研究。第四代学者基本出生于60年代，如范冬萍、刘华杰、钱兆华、黄欣荣等。

中国的系统运动较欧美和苏联等国家晚了20年，大体上可以分为三个阶段。

第一阶段是从1954年到改革开放前初步建立和引入系统科学时期，第二阶段是改革开放后到翻译介绍国外具有开创意义的系统科学和系统哲学著作的时期，第三阶段是从20世纪80年代后期至今对系统思想的专题研究和对系统复杂性研究的时期。

在第一阶段，除了钱学森创立工程控制论等具有原创贡献的系统思想外，值得关注的是吴学谋于1976年提出了具有一定原创性的泛系理论。他认为，可以仿照能量、力、时间、空间等横贯许多物理科学分支的概念、形式与量等横跨一切数学科学领域的概念，相似地提出泛系这样一个横断概念。所谓泛系，是指一种一般的系统，它的数学表示可用来描述一般的转化与广义对称，这样，泛系可泛指一般系统、转化与对称。在此基础上演化出形影关系、泛系逻辑、结构守恒性、观控水平与模型会诊、泛系重演律、树结构运筹等概念，建立一个相对比较完整的理论体系，并运用这个理论体系去研究文学、经济学、心理学等。20世纪70年代中期，宋健、于景元应用控制论深入研究了社会系统下的人口系统。第二代学者这时做了大量的译介工作，1963年龚育之、侯德彭、罗劲柏、陈步等用笔名"郝季仁"翻译的英国N.维纳的《控制论》由科学出版社于1963年出版，1965年张理京翻译的英国W. R. 艾什比的《控制论导论》由科学出版社出版。

在第二阶段里，改革开放之初的中国工程技术界、科学界和哲学界出现了系统思想研究的热潮。① 这一时期出现了大量的译文、译著和介绍性的文章，一部分中国学者开始撰文、撰著介绍国外系统工程和系统科学的著作，并做了一定的运用，开展了一定的基础研究。贾泽林、王炳文、王兴成等学者主要介绍了苏联方面的系统科学和系统哲学进展。1978年商务印书馆出版了陈步译的维纳的《人有人的用处》。1981年中国社会科学出版社出版了梁志学译的东德G·克劳斯的《从哲学看控制论》。1978年童天湘发表了《控制论的认识论问题》。1979年魏宏森为《自然辩证法讲义》撰写了《系统方法、信息方法、反馈方法》。1987年上海人民出版社出版了邹珊刚、黄麟雏等编著的《系统科学》，这本书全面介绍了系统科学体系及诸多分支学科的内容。1985年国防工业出版社出版了邓聚龙的专著《灰色系统》，该书提出了介于"白箱"和"黑箱"之间的"灰箱"——社会和经济的大系统，建立了可进行演算和预测的模型，有较高的科学性和应用价值。1982年内蒙古人民出版社出版了张颖清的专著《生物体结构的三定律》，这部书提出生物全息律，在生物体这个层次上揭示出上层系统和下层系统全息性自相似嵌套结构，但有的学者对他的成果也提出了质疑。

在从80年代后期至今的第三阶段里，系统科学和系统哲学的研究不再

---

① 朴昌根：《评当前哲学界的"系统热"》，载《复旦学报（社会科学版）》，1984第4期。

像 80 年代初那么热，出现了降温。中国学者对系统科学和系统哲学的研究开始较为系统，逐渐把系统原理应用到不同的系统研究当中去，陆续出版了很多专著。在系统科学方面，1989 年求实出版社出版了庞元正、李建华著的《系统论、控制论、信息论经典文献选编》，为这一研究领域提供了选编精当的原著。1991 年中国社会科学出版社出版的刘长林的《中国系统思维》，对中国古代系统思想做了较详细的整理。1987 年中国政法大学出版社出版的该校法制系统研究会的《系统科学论著选》，汇集了中国学者在系统运动头十年撰写的重要论文。1986 年中国人民大学出版社出版的王雨田主编的《控制论、信息化、系统科学与哲学》，对控制论、信息论和系统论的基本概念和原理做了较严密的论述，对相关的哲学问题做了深入的探讨。1989 年中央党校出版社出版的许德祥、庞元正的《现代系统思想与领导系统概论》一书，对系统方法论及其应用做了论述。1990 年南京大学出版社出版的张彦、林德宏著的《系统自组织概论》，尝试将耗散结构论、协同学、超循环理论、突变论、混沌动力学和分形几何综合到一起，提出了较为完备和有较高科学严密性的自组织理论。1991 年中国社会科学出版社出版了沈华嵩的《经济系统的自组织理论》。1992 年中国社会科学出版社出版的胡文耕著的《信息、脑与意识》一书，在大量中外文献最新成果的基础上，从系统—信息角度对身—心和意识这两个古老而艰难的哲学问题做了新的解答。1993 年人民出版社出版的颜泽贤、陈忠、胡皓主编的《复杂系统演化论》，将从无序到有序、从简单系统到复杂系统、从无生命系统到有生命系统进化的自组织理论做了更完备的讲述。1993 年上海人民出版社出版的吴元梁著的《社会系统论》一书，尝试将历史唯物主义、社会学和现代系统科学结合起来，建立一种新型的社会系统论。1994 年四川教育出版社出版了朴昌根的《系统学基础》，提出了他自己对系统科学体系的构想。1994 年云南科技出版社出版的许国志主编的《系统科学大辞典》，是国内上百位专家通力合作完成的系统科学百科全书。

这一时期，中国学者关于系统哲学研究的专著也陆续出现。1987年浙江人民出版社出版了张华夏著的《物质系统论》，该书提出唯物主义的物质本体系统观。1993年武汉大学出版社出版了黎德扬、叶齐茂著的《系统哲学——综合时代的综合哲学》，该书从"分析"和"综合"这两种哲学传统的对比研究出发，对世界图景、进化模式、时空和心物这些哲学问题做了新的解答。1995年陕西人民出版社出版了湛垦华著的《系统科学的哲学问题》，该书从"系统基本特性的哲学沉思"和"系统自组织的哲学沉思"两方面深入讨论了系统哲学的许多问题。1995年清华大学出版社出版的魏宏森、曾国屏著的《系统论——系统科学哲学》，立足系统科学理论，考察宇宙、生命、精神、生态、社会五大系统的基本特征，概括出八条系统论原理和五条系统论规律，提出了更完备的系统论体系。1996年闵家胤著的《进化的多元论——对系统哲学的新探索》一书，整合他多年潜心研究的成果，提出了系统哲学的新体系。① 2004年，乌杰提出了系统辩证观，从哲学角度对有关范畴、规律作了全面细致的论述，以后做了更为清楚的表述，达到了较高的水平。

四、系统哲学与中国当代哲学会通的趋势

中西方哲学都存在从分析走向综合的趋势，而具有综合性和整体性特征的系统哲学最有可能成为中西方这种趋势的代表，系统哲学本身也体现出中西方哲学融会的趋势。有研究系统哲学的国内学者指出："从认识发展史看，如果说古代综合的大阶段是东方的时代，近代分析的大阶段是西方的时代，

---

① 闵家胤：《系统科学和系统哲学在我国的传播及研究》，载《哲学动态》，1998年第10期。本书做了一定的补充。

那么二十世纪后期和二十一世纪的科学整体化时代，就应当属于东西方文化的汇合。"①

龚育之相当完整地回顾了在中国从1923年简要叙说自然辩证法第一人的瞿秋白到1981年成立中国自然辩证法研究会的历史。改革开放之后，1984年舒炜光主编了《自然辩证法原理》，这是国内最早的教材之一，建立了一个比较完整的体系，也对很多对偶的范畴做了阐述。②中国现代系统思想以自然辩证法研究为代表的与以钱学森为代表的两条线殊途同归，张华夏对此做了总结和提示。③

钱学森创立工程控制论是在1954年，由于这项原创性的贡献无论在时间和地点上讲，他都既是当时西方现代系统思想的奠基人之一，也是中国现代系统思想的里程碑。他不仅在系统工程方面做出杰出贡献，后来还在系统科学和系统哲学基本理论方面做了深入的研究。他提出了新的系统分类方式，即根据组成系统的子系统数目以及子系统的种类多少和它们之间关联关系的复杂程度，将系统划分为简单系统和巨系统两大类。他还提出了自己"三个层次、一个桥梁"的系统科学和系统哲学的划分办法。他认为，系统学是系统科学中的一个层次，系统学不仅要以揭示的系统规律去认识系统，还要在认识系统的基础上去控制系统，使系统具有我们所希望的功能。这样就把系统科学和系统哲学的理论与应用结合起来了。他认为，系统学的建立是一次

---

① 刘长林：《中国系统思维》，中国社会科学出版社1990年版，第130页。
② 龚育之：《中国自然辩证法史》（1—4），载《自然辩证法研究》，1991年第1—4期。
③ 张华夏说："2015年，我在《系统哲学三大定律》中曾经论证：差异协同定律、自组织突现定律和整体优化进化定律是系统哲学的三大定律，它们比传统的自然辩证法的三大定律有更基本的地方，至少它们可以作为自然、社会和思维的普遍规律补充原有的自然辩证法规律。恩格斯的《自然辩证法》至今已经有二百多年（注：此处作者有误）了，它的原理和规律都应该发展。从系统科学，特别是复杂系统科学中寻找和概括这些规律与范畴（系统、突现、层级、自组织进化等）是顺理成章的，因为正是突现进化论将二者联系起来。"（见齐磊磊：《自然辩证法学科的历史与未来——张华夏教授访谈录》，载《自然辩证法研究》，2018年第9期）

科学革命，其重要性不亚于相对论和量子力学。相对论是宇观层次科学研究的革命，量子力学是微观层次科学研究的革命，系统学则是宏观层次科学研究上的革命。宏观层次就是我们所生活的世界。钱学森通过对复杂巨系统的研究指出，复杂巨系统主要集中在生命和生物、人类和人类社会，研究这类系统的方法是从定性到定量综合集成方法，也就是系统工程法。他还把混沌与有序的概念应用于研究社会系统。他从本体论的角度提出，世界可以分成渺观世界、微观世界、宏观世界、宇观世界、胀观世界，每个世界之间的空间约差 10 的 19 次方也就是 19 个数量级。他从认识论的角度指出，思维科学以及心理学基本理论的突破在于系统学。

他非常关心马克思主义哲学与现代系统思想的关系，他还多次提到毛泽东哲学思想的整体性特征。[①]

对于钱学森的系统思想，黄枬森用"大成智慧学"来表述。黄枬森晚年还专门写文章进行了较为深入的阐述。他写道，钱学森"对马克思主义哲学——辩证唯物主义及其与科学的关系有独创性的研究，他构建的以 11 门基础科学为主干的现代科学技术体系是他的重要的学术成就之一"，"到 1995 年为止，钱学森提出了包括 11 大部门科学的现代科学技术体系。他曾多次列表来表示这个体系的总体轮廓，我想引用他 1993 年绘制的图表来代表这个体系，同时也根据他后来的思想发展作了两点修改：（一）把'社会论'改为'人学'，（二）在'人学'后加上建筑科学一大部门。（下 0779、0787）这样，我们就可以得出下面这个图表"[②]：

[①] 黄小寒：《世界视野中的系统哲学》，商务印书馆 2006 年版，第 450—469 页。
[②] 黄枬森：《钱学森大成智慧学简论》，载《上海交通大学学报（哲学社会科学版）》，2011 年第 6 期。

马克思主义哲学——人认识客观和主观世界的思维											
性 智		量 智										
		美学	建筑哲学	人学	军事哲学	地理哲学	人天观	认识论	系统论	数学哲学	唯物史观	自然辩证法	
		文艺理论	建筑科学	行为科学	军事科学	地理科学	人体科学	思维科学	系统科学	数学科学	社会科学	自然科学	基础理论
													技术科学
		文艺创作											应用技术
实践经验知识库											
不成文的实践感受											

五、系统哲学对马克思主义哲学会通中西方哲学的继承

如果如前所述，马克思主义哲学史上在中西方哲学会通中逐渐占据主流，而中华人民共和国成立后以自然辩证法研究为代表的与以钱学森为代表的两条线的中国现代系统思想最后殊途同归，那么，可以说在新的历史条件下系统哲学继承和延续了中西方哲学会通的趋势。

有学者充满信心地指出：当代中国哲学要达到的境界是中西合璧的世界哲学。"用中国人眼光看西方哲学，不只是加强中国哲学的本位而已，也不是为了去发展西方哲学，而是走向世界哲学。冯友兰先生在1948年时就有一个预言：'未来的哲学既不是西方哲学也不是中国哲学，而是世界哲学。'马克思早就指出：'各种外部表现证明，哲学正获得这样的意义，哲学正变成

文化的活的灵魂，哲学正在世界化，而世界正在哲学化。'他还说：'哲学思想要冲破令人费解的、正规体系的外壳，以世界公民的姿态出现在世界上。'不管是中国哲学、西方哲学，还是马克思主义哲学，都要突破令人费解的一种正规的体系的外壳。用中国人的眼光来看待西方哲学，用现代的眼光来看待中国传统哲学，用发展了的眼光来看待马克思主义的哲学，做到这三点，中国人的哲学就会以世界公民的姿态出现在世界哲学的舞台上。"①

系统哲学家拉兹洛不仅指出系统哲学对于当代东西方哲学、东西方文化融合的意义，而且具体指出了马克思主义哲学、系统哲学、当代中国思想三者之间的关系。他说："西方向来是实证主义和分析哲学占统治地位，这是一个历史过程，现在，在西方，实证主义和分析哲学也已经走下坡路了，接近尾声了。西方的哲学思想出现了综合化和整体的新趋势，系统哲学的兴起正是这种哲学发展趋势的体现。……系统哲学是马克思主义哲学在西方的当代形态，而中国目前的学术是以马克思主义哲学为基础的，加上中国古典哲学的优秀传统就表现出综合化和整体化特点，因此，中西方哲学应该而且有可能在系统哲学中接近。这样，东西方哲学家将可能用相同或相近似的概念系统和概念范式进行思维和对话，系统思维的范式，既产生于当代科学，又蕴藏于中国古老的传统哲学当中，都是要把世界当作整体来考虑，中国在发展系统哲学方面是有独特的潜力和前景的。"②

中西方哲学通过系统哲学会通的趋势，这种看法不仅为中国学者所有，其他系统科学、系统哲学的主要人物也有类似的看法。普里高津说："中国的思想对于那些想扩大西方科学的范围和意义的哲学家和科学家来说，始终是个启迪的源泉。我们特别感兴趣的有两个例子。当作为胚胎学家的李约瑟

---

① 赵敦华：《用中国人的眼光看西方哲学》，载《南方日报》，2008年6月5日。
② 转引自黄小寒：《世界视野中的系统哲学》，商务印书馆2006年版，第506页。

由于在西方科学的机械论理想（以服从普适定律的惯性物质的思想为中心）中无法找到适合于认识胚胎发育的概念而感到失望时，他先是转向唯物辩证法，然后也转向了中国思想。从那以后，李约瑟便倾其毕生精力去研究中国的科学和文明。他的著作是我们了解中国的独一无二的资料，并且是反映我们自己科学传统的文化特色与不足之处的宝贵资料。第二个例子是尼尔斯·玻尔，他对他的互补性概念和中国的阴阳概念间的接近深有体会，以致他把阴阳作为他的标记。这个接近也是有其深刻根源的。和胚胎学一样，量子力学也使我们直接面对'自然规律'的含义问题。"① 他引用了庄子下述话："早在两千年前，庄子就写道：天其运乎！地其处乎！日月其争于所乎？孰主张是？孰维纲是？孰居无事推而行是？意者其有机缄而不得已邪？意者其运转而不能自止邪？"之后指出："我们相信，我们正朝着一种新的综合前进，朝着一种新的自然主义前进。也许我们最终能够把西方的传统（带着它对实验和定量表述的强调）与中国的传统（带着它那自发的、自组织的世界观）结合起来。"②

卡普拉是美国的理论物理学家、系统论专家。他在探索现代物理学的概念与东方哲学、宗教传统中的基本思想之间的联系时，把物理学扩大到系统科学和系统哲学的范围，把中国哲学扩大到整个东方哲学的范围，指出了东西方哲学通过系统哲学融会的趋势，把中西方哲学融会的趋势置于一个更大的背景之下。他说："不仅在物理学中，而且在生物学、心理学和其它学科中也存在着与东方神秘主义的相似性。在研究物理学与那些学科之间的关系时，我发现系统论的框架能够将近代物理学的概念自然地推广到其它领域

---

① ［比利时］伊·普里戈金、［法］伊·斯唐热：《从混沌到有序》，曾庆宏、沈小峰译，上海译文出版社1987年版，第2页。

② ［比利时］伊·普里戈金、［法］伊·斯唐热：《从混沌到有序》，曾庆宏、沈小峰译，上海译文出版社1987年版，第57页。

中","我们的文化总是偏爱阳,或男性的价值观和态度,却忽视与其互补的阴,或女性的对应物。我们看重坚持己见,甚于归纳各方面的意见;看重分析,甚于综合;看重理性知识,甚于直观的智慧;看重科学,甚于宗教;看重竞争,甚于合作;看重扩张,甚于保守。这种单方面的发展,已经到了产生社会、经济、道德和精神方面的危机极为令人担忧的阶段"。[1]

系统哲学身上所表现出的中西方哲学融会的趋势,不仅有着上述宏观和现象上的类比依据,而且有着深刻的内在逻辑和机理。一种文化与外来文化接触时会如何走向?起决定性的作用是这种文化的传统。耗散结构论指出,当涨落迫使一个现存系统进入远离平衡的状态并威胁其结构时,该系统便达到一个临界时刻或称分叉点。从本质上说,不可能事先决定该系统的下一步状态。偶然性决定了该系统的哪些部分在新的发展道路上保留下来。而且这条道路(从许多种可能的道路中)一经选定,决定论便又开始起作用,直到达到下一个分叉点。耗散结构论的这种认识不仅针对和适用于自然系统,也适用于社会系统和人类的认识系统。在人类认识系统内部,长期起作用的因素,也就是决定认识系统分叉的因素,就是文化传统。

第四节 系统哲学与马克思主义哲学会通的基本内涵

一、本体论上的会通

马克思主义哲学有无本体论,没有和有的根据分别是什么?如果马克思

---

[1] [美] F. 卡普拉:《物理学之道——近代物理学与东方神秘主义》,朱润生译,北京出版社1999年版,再版序言,第2页。

主义有本体论，那么，马克思主义哲学本体论是什么？对此，学界分别有马克思物质本体论、辩证唯物主义本体论、实践本体论、客体本体论、物质—实践本体论多种提法。为避免问题的过度展开。我们可以从"事物"这个范畴入手。

马克思主义哲学肯定了黑格尔哲学的革命方面，即恩格斯指出的："一个伟大的基本思想，即认为世界不是既成事物的集合体，而是过程的集合体，其中各个似乎稳定的事物同它们在我们头脑中的思想映象即概念一样都处在生成和灭亡的不断变化中，在这种变化中，尽管有种种表面的偶然性，尽管有种种暂时的倒退，前进的发展终究会实现"①，"黑格尔哲学（我们在这里只限于考察这种作为从康德以来的整个运动的完成的哲学）的真实意义革命性质，正是在于它彻底否定了关于人的思维和行动的一切结果具有最终性质的看法"②。把事物理解为过程，意味着大大小小的事物就是大大小小的过程，不同的事物就是不同的过程。事物大小范围的空间特征就转换成过程长短的时间特征，较大的事物就转换成较长的过程，较大的事物由较小的事物组成，就转换成较长的过程是由较多较短的过程组成。

系统哲学实际上又是一次世界观的变革，形成了新的世界观。系统是系统哲学的核心范畴。在系统哲学看来，事物是以系统方式存在的。从基本粒子到宇宙，从细胞到人类社会，从动植物到社会组织，从微观世界到宏观世界，都可以被看作是系统。一台机器、一个工厂、一个企业、一定自然条件下的植物群落、一个组织、一个国家等等，都可视为一个系统。而一个系统向下可以包括若干子系统，而向上是另一个更大系统的子系统。系统是一定

---

① 恩格斯：《路德维希·费尔巴哈和德国古典哲学的终结》，见《马克思恩格斯选集》第4卷，人民出版社2012年版，第244页。
② 恩格斯：《路德维希·费尔巴哈和德国古典哲学的终结》，见《马克思恩格斯选集》第4卷，人民出版社2012年版，第216页。

限度的时空区域,因此,所有这些不同的系统就是时间长短不同、空间范围大小不同的时空组合态。从时间上看,不同的系统之间相互联系,就是时间和空间上的联系,成了一个生成和转化、生生不息、时间长短不同、空间大小不同的时空组合态。

在系统哲学看来,人的意识、人的认识也是系统。分属于自然科学和人文社会科学学科群里那些不同门类的科学,只是出于不同的研究和目的相对独立地划分出不同的系统、把不同层次的系统作为研究对象,不同科学的区别在于当作研究对象的系统的时间长短和空间范围大小不同。例如,一个细胞、一个器官、一个人、一个家庭、一条街道、一座城市等,相对独立地作为一个系统成为一门科学的研究对象。

就像"事物"或者"东西"一样,系统概念一经产生,就成为横跨包括哲学在内的人文社会科学、自然科学和技术等不同门类的诸多学科通用的范畴。贝塔朗菲认为,系统作为新的概念所引起的世界观方面的变化,就是系统哲学所要探讨的问题。有学者深刻地指出了系统概念的哲学本体论意义:"系统"是"事物"科学化的替代物,是经过理性把握住了的、透视了的事物,这样的事物不再是以前那样一个混沌的、笼统的表象,而是各个方面、各种关系的总和,是理性具体的表示方式。①

作为系统哲学本体论的核心范畴,系统不仅具有空间特征,也具有时间特征,是时空统一的。与马克思主义哲学关于事物的过程性特征的理解相比,两者都强调和突出了时间特征,因而可以会通。系统哲学本质上是历史哲学,只不过这里所说的历史不仅仅指人类社会发展的历史,而是指包括自然史、思想史在内的全部历史。马克思把世界理解为自然向着人生成的世

---

① 闵家胤:《进化的多元论——系统哲学的新体系》,中国社会科学出版社1999年版,第41页。

界，为系统哲学和系统科学从细节上证实了，两者通过人类历史观而相互会通。

二、方法论上的会通

唯物辩证法是马克思主义哲学的方法论，它的内容包括：普遍联系和发展的基本观点，对立统一规律、质变量变的规律、否定之否定的规律。这些规律和内容，学界已有不少介绍。这里不再重复叙述。这里特别指出恩格斯的一段论述，他引用了拿破仑所举的一个例子，用以说明量变引起质变的原理："我们还想为量转变为质找一个证人，这就是拿破仑。拿破仑描写过骑术不精但有纪律的法国骑兵和当时无疑地最善于单个格斗但没有纪律的骑兵——马木留克兵之间的战斗，他写道：'两个马木留克兵绝对能打赢三个法国兵，100个法国兵与100个马木留克兵势均力敌，300个法国兵大都能战胜300个马木留克兵，而1000个法国兵总能打败1500个马木留克兵。'"[①] 此例所包含的量变引起质变的原理，与系统哲学所说的非线性叠加产生整体大于部分之和的系统整体效应是一致的。

系统哲学在内外因的关系和量变质变关系的认识上更加具体。系统哲学认为：外因的作用必须达到一定的数量和经过一定的时间才可能与内因协同促使事物发生变化，它把表观的无序与内在的决定论机制、统计学与决定论规律、统一性与多样性、竞争与协同、必然性与偶然性、目的与因果等都看成是互补的，而且指出了极端共存的一般性，即两种大相径庭的事物状态可在同一条件下共存。这些都表现出系统哲学极强的辩证特点。

---

① 《马克思恩格斯全集》，人民出版社2014年版，第136页。

对于系统哲学方法论的这种辩证特点，巴姆哲学做了较为集中而清晰的阐释。他所主张的有机辩证法认为："从某种意义上说，凡是被经验到的都既是主观的又是客观的，既是现象又是实在，既是在场又是不在场，既是知觉到的又是理解到的，既是直觉的又是推理的，既是给予的又是取得的，既是有意的又是非有意的，既是明晰的又是模糊的，既是可信的又是可疑的，既是意志的又是推理的，既是具体的又是抽象的，既是现实的又是理念的，既是被思考的又是被行动的，既是知道的又是不知道的，既是喜欢的又是不喜欢的，既被感觉为完成的又被感觉为未完成的，既是享受又是遭受，既是知觉的又是记忆的。"①

由于"马克思的辩证法首先是社会系统的辩证法"，"历史唯物主义除了从内容上说是社会历史过程的一元理论之外，从方法论方面看，毫无疑问它实质上就是系统理论"。②

贝塔朗菲和拉兹洛这两位系统哲学的主要人物均认为，马克思哲学的辩证思想是系统哲学的重要渊源。贝塔朗菲说："虽然起源有所不同，普通系统论的原理和辩证唯物主义理论的类同，是显而易见的。"闵家胤说："在私下谈话时，拉兹洛曾对我说，他的叔叔是匈牙利著名的马克思主义哲学家，他之所以从音乐转向哲学是受叔叔的影响，并且他自己也是从研究马克思主义哲学起步的。"③ 他在回答系统哲学与马克思主义哲学的关系问题时说：如果马克思活到现在，他肯定是一位优秀的系统科学理论家。④ 80 年代初，苏联学者 В. П. 库兹明认为，唯物辩证法与系统方法是方法论与方法的关系，

---

① 转引自黄小寒：《世界视野中的系统哲学》，商务印书馆2006年版，第100页。
② ［苏］В. П. 库兹明：《马克思理论和方法论中的系统论原则》，王炳文、贾泽林译，生活·读书·新知三联书店1980年版。
③ 闵家胤：《进化的多元论——系统哲学的新体系》，中国社会科学出版社1999年版，第4页。
④ E. 拉兹洛（欧文·拉兹洛），1988 年在北图举行的"系统科学研讨会"上的讲话。

后者从属于前者，前者可以将后者纳入其中，把前者看成是自己的发展与具体化。钱学森指出了两者的传承关系。他说："系统思想经过两千多年的演变，最后到一百年前，恩格斯给它明确了，成为真正辩证唯物的、科学的、现代系统的思想。然后又经过半个多世纪，才真正实际上应用来解决具体的问题。"① 中国研究系统科学的学者认为，系统观思想是对唯物史观充分的展开和具体化。②

三、认识论上的会通

系统哲学关于系统的时间特征与马克思主义哲学关于事物的过程性特征的相似性，从原则上预示了系统哲学认识论与马克思主义哲学认识论在逻辑与历史相统一认识上的融通，而系统哲学认识论则通过历史的逻辑化和逻辑的历史化做了进一步的展开。

1. 马克思主义哲学关于逻辑和历史相统一的认识和运用

黑格尔第一次在哲学史上提出"历史与逻辑相统一"的认识③，恩格斯强调了黑格尔的这一点。他特别指出黑格尔的一个命题集中表现了这一点："凡是现实的都是合理的，凡是合理的都是现实的"。如果说存在即合理，那么，合理的也将存在。马克思主义哲学把自然历史、人类历史和人类意识形态史的发展看作是一个完整的辩证过程，并指明了三者之间的联系。历史的系列与思维的系列是同一的。历史的逻辑化和逻辑的历史化，是逻辑与历史相统一的必然推论。

---

① 钱学森：《系统理论中的科学方法与哲学问题》，清华大学出版社1984年，第7页。
② 魏宏森：《略论系统理论与辩证唯物主义的关系》，载《社会科学研究》，1982年第6期。
③ 《中国大百科全书·哲学卷》，中国大百科全书1987年版，第551页。

恩格斯展开论述道："在自然界中和历史上所显露出来的辩证的发展，即经过一切迂回曲折和暂时退步而由低级到高级的前进运动的因果联系，……辩证法就归结为关于外部世界和人类思维的运动的一般规律的科学，这两个系列的规律在本质上是同一的，但是在表现上是不同的，这是因为人的头脑可以自觉地应用这些规律，而在自然界中这些规律是不自觉地、以外部必然性的形式、在无穷无尽的表面的偶然性中实现的。"①

马克思、恩格斯不仅从哲学的一般角度指出逻辑和历史的统一，还从具体的角度指出人和自然的统一："因为对社会主义的人来说，整个所谓世界历史不外是人通过人的劳动而诞生的过程，是自然界对人来说的生成过程，所以关于他通过自身而诞生、关于他的形成过程，他有直观的、无可辩驳的证明。"② 恩格斯则从自然史的角度指出："在自然界中，存在着一个大的循环，而这个大循环要经历极其漫长的岁月"，因为"这是物质运动的一个永恒的循环，这个循环只有在我们的地球年代不足以作为量度单位的时间内才能完成它的轨道，在这个循环中，最高发展的时间，有机生命的时间，尤其是意识到自身和自然界生物的生命的时间，正如生命和自我意识在其中发生作用的空间一样，是非常狭小短促的，在这个循环中，物质的任何有限的存在方式，不论是太阳或星云，个别的动物或动物种属，化学的化合或分解，都同样是暂时的。"③

对于马克思、恩格斯逻辑和历史统一的观点，普里高津给予充分的肯定，所用的语言与马克思的都惊人地相似："自然史的思想作为唯物主义的一个完整部分，是马克思所断言并由恩格斯所详细论述过的。当代物理学的

---

① 恩格斯：《路德维希·费尔巴哈和德国古典哲学的终结》，见《马克思恩格斯选集》第 4 卷，人民出版社 2012 年，第 243 页。
② 《马克思恩格斯全集》第 3 卷，人民出版社 2002 年版，第 310 页。
③ 《马克思恩格斯全集》第 26 卷，人民出版社 2014 年版，第 483 页。

发展，在自然科学中提出了一个早已由唯物主义者提出的问题。对他们来说，认识自然就意味着把自然理解为能产生人类和人类社会的自然界"①，"在恩格斯写作《自然辩证法》的那个时代，物理科学看来已经摒弃了机械观的世界观，而更接近于自然界的历史发展的思想。恩格斯谈到了三大主要发现：能量及其支配性质转换的定律，作为生命的基本组成部分的细胞和达尔文关于物种进化的发现。鉴于这些伟大的发现，恩格斯得出结论：机械论的世界观已经死亡"②。

马克思主义逻辑和历史相统一的认识方法在《资本论》得到了具体而充分地体现。《资本论》把经济学逻辑与经济史、经济思想史三者艺术地统一起来。学界对此已有不少论述。这里再引用一位著名资产阶级学者熊彼特的评述。他正确指出并高度评价了《资本论》逻辑和历史统一的方法论特征："在马克思实际运用的经济研究方法论中，有一点带有根本性的重要意义。以往经济学家也都要涉猎经济史上的问题，他们或者自己投身其中，或者引述他人的有关研究成果。但他们的做法往往是把理论研究和历史机械地混杂在一起，经济史时常被割裂开来，在经济理论中仅仅起着说明或在可能的情况下验证结果的作用。而马克思却把二者'化学'地结合在一起，也就是说他使经济史成为论证工作的一部分用以产生理论的结合。马克思是第一流的经济学家中做到这一点的第一个人，他不但看到了而且系统地提出了如何才能使经济理论成为历史的分析，以及如何才能使历史的简单记述变为历史的系统归类。"③ 保罗·斯威齐对熊彼特的认识给予了很高的评价。他说："如

---

① [比]伊·普里戈金、[法]伊·斯唐热：《从混沌到有序》，曾庆宏、沈小峰译，上海译文出版社1987年版，第2页。

② [比]伊·普里戈金、[法]伊·斯唐热：《从混沌到有序》，曾庆宏、沈小峰译，上海译文出版社1987年版，第3页。

③ [美]J·熊彼特：《资本主义、社会主义和民主主义》，绛枫译，商务印书馆1979年版，第98页。

果我表达得还不够清楚,或许引证一下熊彼特所讲过的话也会有所帮助;熊彼特尽管是马克思的劲敌,但他对马克思的意图的理解却要好于大多数自我标榜的马克思主义者。"①

从形式上看,《资本论》的正文是概念的辩证运动所构成的逻辑演绎过程,经济思想史上与正文概念相应的概念,从形式到内涵,都以注解的形式及时放在了正文下方。以货币概念为例。《1844年经济学哲学手稿》引述了英国文艺复兴时的莎士比亚和德国歌德关于货币的认识说明他们论点的重要意义,而1859年《政治经济学批判》里用脚注的方式继续加以引用。但到《资本论》中,把哥伦布1509年的一封信中的思想作为了脚注,这表明马克思在《政治经济学批判》与《资本论》两者出版这段时间里,对货币观点的历史又有了新的发现。

2. 系统哲学对历史和逻辑相统一的认识

在系统哲学认识论看来,历史的逻辑化是指人对事物的认识成果生成为一个认知系统,而这个认知系统结构以逻辑形式存在。人的大脑处于外部环境之中,长时间反复受到外部环境某个因素的刺激,形成循环,而长时间的循环会不可避免地产生循环复制误差,这个误差就是新事物的认识,对新事物的认识会嵌入以往的循环,以往的认知循环因此生成为新的认知循环,以往的认知结构把新嵌入的要素摹写进去生成新的认知结构,而新生成的认知结构或者说认识结构的新变化,刺激相应的神经组织变化,相应的轴突发展延伸,把相应的神经细胞联系起来,认知不断循环,轴突就变粗变牢,这就是记忆深刻。而新的认知结构把新生成的神经组织作为自己的物质基础,借助新生成的神经组织巩固下来。外界事物越来越多时,相应神经细胞的联系

---

① 因熊彼特原著相关段落译得不好,这里熊彼特的有关论述中译本转引自保罗·斯威齐《价值问题的论战》(商务印书馆1990年版,第14页)。熊彼特中文版的原文可参见上述脚注3。

数量也就不断增多，当已有轴突的活动打通神经细胞之间的新轴突时，人就会顿悟①，出现新的概念和新的范畴，新概念和新范畴的出现意味着外部经验事实被耦合进了人的认知，外部环境与人的空间关系，转化为认知系统一定的逻辑次序，新的认知循环系统就形成了。

脑神经系统的自组织活动，生成的是人的认知循环系统，从一个状态到另一个状态的突变，就是新的认知循环系统的生成，这种突变就是传统所谓的灵感、顿悟。

人类认识的早期阶段，外部的经验是通过意识的低级或者说心理的低级层次如感觉进入人体内，心理对应着逻辑的初级结构。而随着人类历史过程变得越来越丰富，历史过程的丰富性生成逻辑系统的复杂性，历史过程的动态性也生成为逻辑系统的静态性。因此，越是后来的人，越需要通过接受教育、经过学习才能形成和掌握逻辑。而人们重复运用逻辑，也就在本质上重复历史。由于历史是变化的，逻辑同样也在变化和发展，只是这种变化和发展非常缓慢。后人在前人已往的逻辑结构中加入新的要素变得越来越困难，特别是逻辑起点变得越来越抽象。逻辑起点的变化越来越取决于历史出现新的重大的经验，当这个经验与逻辑起点发生冲突、历史与逻辑发生矛盾时，逻辑就要变化。而逻辑每吸收一次以前未有过的历史经验，就强大一次，以抽象的方式占领更多的领域，结果变得越来越强大。

马克思指出："关于环境和教育起改变作用的唯物主义学说忘记了：环境是由人来改变的，而教育者本人一定是受教育的。因此，这种学说一定把社会分成两部分，其中一部分凌驾于社会之上。环境的改变和人的活动或自

---

① 魏宏森、宋永华：《开创复杂性研究的新学科——系统科学纵览》，四川教育出版社1991年版，第340页。

我改变的一致，只能被看作是并合理地理解为革命的实践。"① 一年后，他更明确地阐发了这个纲要性的思想。他在批评老年黑格尔派和青年黑格尔派时指出："这些哲学家没有一个想到要提出关于德国哲学和德国现实之间的联系问题，关于他们所作的批判和他们自身的物质环境之间的联系问题。"② 而系统哲学认为，系统的整体性就是系统在与环境的关系中得到充分的表现，系统要保持自己的存在性和稳定性，就必须与环境之间有物质、能量、信息的交换，也就是系统必须是开放的。把系统哲学上述关于认知环境与主体认识之间关系上的观点，与马克思关于环境与社会之间关系的论述做一比较，两者可以会通。

仅仅从哲学角度论证系统哲学与马克思主义哲学会通，当然是远远不够的。这至多在重复着马克思当年的黑格尔哲学批判的足迹，因此，只有深入到马克思经济学，问题才能得到彻底的解决。

---

① 《马克思恩格斯选集》第 1 卷，人民出版社 2012 年版，第 55 页。列宁后来也说主体和客体、精神和物质的"交错点＝人的和人类历史的实践"（见《列宁全集》第 38 卷，人民出版社 1986 年版，第 310 页）。

② 《马克思恩格斯选集》第 1 卷，人民出版社 2012 年版，第 66 页。

第四章 马克思经济学中的系统概念

异化劳动和对象化劳动只是表明马克思运用了系统分析的方法,来分析社会系统,那么,马克思是否直接使用了"系统"一词作为经济学术语呢?

从时间次序看,现代系统范式的三种形态依次大体是系统科学、系统工程、系统哲学。在哲学里,"本体论是各个哲学分支的理论基础,是理论中的理论、哲学中的哲学,其他哲学问题都是围绕着建设、运用或怀疑、反对本体论而展开的","本体论人们一般都把它当作是从柏拉图到黑格尔的西方传统哲学的主干,或'第一哲学'"①,哲学方法论、认识论、价值论等都是由此而来的。晚年的贝塔朗菲在系统科学的基础上提出系统哲学,与哲学分支相应,初步提出了系统本体论、系统方法论或系统认识论、系统价值论组成的系统哲学框架②,但他没来得及展开。系统哲学的代表人物拉兹洛(Ervin Laszlo)后来大大做了拓展。③ 与此同时,系统科学仍在平行地发展:从

---

① 俞宣孟:《本体论研究》,上海人民出版社1999年版,第3页。关于"本体论"的界定,撰写该词条的是李德顺。(见《中国大百科全书·哲学卷》,中国大百科全书出版社1987年版,第35页)俞宣孟不赞成把本体等同于存在。为避免问题复杂化,我们仍按学界较为流行的观点,把本体理解为存在。

② [美]L. F. 贝塔朗菲:《一般系统论——基础发展和应用》,林康义、魏宏森译,清华大学出版社1987年版,第4页。

③ [美]E. 拉兹洛:《系统哲学引论》,钱兆华、熊继宁、刘俊生译,商务印书馆1998年版,第8页。

20世纪40年代的"老三论"阶段,进入到系统演化即系统自组织的"新三论"阶段,今天正经历系统复杂性的阶段。由于系统成为一个系统科学、系统工程、系统哲学等三种形态所共有、联结三者的核心概念,因此,学界把系统论、信息论和控制论等系统科学的"老三论"比为系统哲学的"系统存在论"时期。①

我们知道,概念由形式与内容、内涵与外延构成,既有量的规定性,也有质的规定性。系统除了如前所述的时空特征而外,还包括系统量和系统质的规定性。所谓系统质,就是系统具有整体大于部分之和的属性。要完整而深入地揭示和论证马克思经济学的现代系统范式特征,首先要论证马克思经济学是否具有系统存在特征,这是马克思经济学是否具有系统演化特征的本体论前提。具体包括:从形式逻辑所要求的外延属性看,马克思经济学是否明确使用过系统概念,即马克思经济学是否使用过"系统"一词;从形式逻辑所要求的内涵属性看,马克思经济学是否实质性地论述过系统整体性和层次性特征。②

马克思时代的生物学虽然未达到20世纪那样的成熟程度,但考察马克思经济学经典文本,我们可以发现:不是别人,正是马克思远远走在了时代的前面,通过批判当时的政治经济学,吸收了当时生物学中酝酿的系统思想,从外延到内涵实质性地使用了"系统"作为经济学术语,而国内学界对

---

① 黄小寒:《世界视野中的系统哲学》,商务印书馆2006年版,第7页。
② 需要指出的是,相当多的学者应用有机体的概念探讨问题。而事实上有机体概念在系统科学发展的历史是一个过渡概念,出现系统概念之后,有机体概念就成为系统概念派生出来的了。因此,如果论证了马克思实际使用过系统概念,那么,马克思主义的有机体角度只是顺理成章的推论而已。

此重视不够①。

第一节　经济制度理论中的系统概念

由于《1844 手稿》和明确提出唯物史观的《德意志意识形态》在马克思和恩格斯生前均没有出版，而恩格斯追述唯物史观的《路德维希·费尔巴哈和德国古典哲学的终结》出版于 1886 年，因此，一般认为 1859 年出版的《政治经济学批判。第一分册》的序言第一次完整而简明地阐述了唯物史观。由此，《政治经济学批判。第一分册》不仅具有重要的马克思经济学意义，也具有重要的马克思主义哲学意义。由于《政治经济学批判》与《资本论》是初篇与续篇的关系②，因此，有关的内容需要对照和联系起来看。

《政治经济学批判。第一分册》序言首句中文译作："我考察资产阶级经济制度是按照以下的顺序：**资本、土地所有制、雇佣劳动；国家、对外贸易、世界市场**。在前三项下，我研究现代资产阶级社会分成的三大阶级的经济生活条件；其他三项的相互联系是一目了然的。"③ 而《资本论》说："我

---

① 鲁克俭：《〈关于费尔巴哈的提纲〉与历史目的论》，载《河北学刊》，2009 年第 6 期。对于翻译的问题，鲁克俭说："中央编译局自成立之日起，其主要工作职责是对马恩著作的'翻译'而非'研究'，这是中央编译局与苏联和东德马列主义研究院的最大不同之处。显然，《马克思恩格斯全集》中文版的翻译不可能不受到国内理论界对马克思思想的阐释和研究深度的影响和制约，而新中国成立以后中国学者对马克思文本的解读又是受苏联哲学教科书直接影响的，因此任何倒因为果、随意指责《马克思恩格斯全集》中文版翻译'错误'导致中国学者对马克思思想'集体误读'的做法，都是没有道理的。在 21 世纪的今天，马恩著作翻译质量上的改进有赖于中国马克思文本研究整体水平的提高，而从事马克思文本研究的学者不能把自己混同于一般读者，不能抱怨中译文质量影响到自己对马克思思想的理解，因为对照马克思原文进行文本研究，是研究者必须具备的基本功"。我们固然不该把翻译与研究、专业学者与一般读者对立起来，但这里确也提出了从原版入手、从源头入手进行研究的问题。
② 《马克思恩格斯全集》第 44 卷，人民出版社 2001 年版，第 8 页。
③ 《马克思恩格斯全集》第 31 卷，人民出版社 1998 年版，第 411 页。

要在本书研究的，是资本主义生产方式以及和它相适应的生产关系和交换关系。"①"资产阶级经济制度"与"资本主义生产方式、生产关系、交换关系"两者内涵是有所区别的。"资产阶级"是一个社会主体概念，而"资本主义"不是一个社会主体概念，外延较宽泛。"资产阶级经济制度"一词马克思以后使用得比较少，容易为人忽略。"资产阶级经济制度"的德文原文是"das System der bürgerlichen Ökonomie"②，英文译作"the system of bourgeois economy"③，德文和英文字面是一致的。在德文和英文里，"system"有"系统、制度、体系、学派"等几个含义，而体系一般指思想体系，在中文里体系指若干互相关联的事物或思想构成的整体，如，工业体系、哲学体系。因此，中文把"das System"翻译成"制度"，应当说有其合理性。

但在对照"所有制"一词的中文、德文并参照英文后，疑问就产生了。中文的《资本论》第二版跋"资本主义制度"④，其德文原文是 die kapitalistische Ordnung（包含秩序的意思）⑤，在《原始积累》这章里所提到的以自己劳动为基础的"私有制"⑥、资本主义的"私有制"⑦、重新建立的"个人所有制"的德文分别是"privateigentums""das kapitalistische privateigentum""individuelle eigentum"⑧，英文分别是"private property""capitalist private property""individual property"⑨，"土地所有制"的德文是"Grundeigentum"，英文是"landed property"。德文和英文这里的字面基本一致，但都不

---

① 《马克思恩格斯全集》第44卷，人民出版社2001年版，第8页。
② http://www.mlwerke.de/me/me13/me13_007.htm.
③ http://www.marxists.org/archive/marx/works/1859/critique-pol-economy/preface.htm.
④ 《马克思恩格斯全集》第44卷，人民出版社2001年版，第16页。
⑤ http://www.mlwerke.de/me/me23/me23_018.htm.
⑥ 《马克思恩格斯全集》第44卷，人民出版社2001年版，第872页。
⑦ 《马克思恩格斯全集》第44卷，人民出版社2001年版，第874页。
⑧ http://www.mlwerke.de/me/me23/me23_741.htm.
⑨ http://www.marxists.org/archive/marx/works/1867-c1/ch32.htm.

是"system"。紧接《原始积累》之后的《现代殖民理论》这一章在比较西欧资本主义国家与殖民地时说："在那里，资本主义制度（德文原文为 Das kapitalistische Regiment）到处都碰到这样一种生产者的阻碍……在这里，这两种完全对立的经济制度（德文原文为 ökonomischen Systeme，英文是 economic systems）之间的矛盾，在它们的斗争中实际地得到证实"①。Regiment 和 Systeme 德文相近的两处，中文不加区别地均译成了"制度"。而马克思紧接着所引用的一位经济学者的话："韦克菲尔德把这称为'systematic colonization（系统的殖民）"②，中文又把它理解和译成了"系统的"殖民，而非"制度性的"殖民。同一章短短三页，同一语境下同一词的中文翻译就出现不同。

中文中的一个词"制度"，却对应着德文两个以上不同的词 system 和 eigentum，那么，是马克思使用这两个词原本就没有实质性区别，还是中文的理解和翻译没有作出更加精准的区别呢？

单从字面形式看，马克思使用"system"一词很可能来自李斯特。

马克思对德国经济学家引用较少，恩格斯曾指出："为什么马克思只是在极例外的场合才引证德国经济学家的言论"③。由于这个原因，人们对马克思经济思想与德国经济学家思想之间的关系重视不够。李斯特（Friedrich List）于 1841 年出版了《政治经济学的国民体系》，这部著作的德文名称是 "Das nationale system der politischen ökonomie"④。众所周知，李斯特是德国历

---

① 《马克思恩格斯全集》第 44 卷，人民出版社 2001 年版，第 877 页。
德文引自：http://www.mlwerke.de/me/me23/me23_792.htm.
英文引自：http://www.marxists.org/archive/marx/works/1867-c1/ch33.htm.
② 《马克思恩格斯全集》第 44 卷，人民出版社 2001 年版，第 877 页。这里的英文为马克思原著所有。
③ 《马克思恩格斯全集》第 44 卷，人民出版社 2001 年版，第 30 页。
④ ［德］弗里德里希·李斯特：《政治经济学的国民体系》，陈万煦译，商务印书馆 1961 年版，扉页。但该中译本转译自 1928 年的英译本，不是直接译自德文原文。

史学派的奠基人，他的观点与亚当·斯密的经济自由主义、世界主义相对立。出于当时德国的资产阶级国家利益需要，李斯特把政治经济学归结为一门研究特定国家的国民经济的科学，这实际上就把国家作为一个整体即"国民体系"作为经济学的对象。可见，不论是英文的"national system"，还是德文的"nationale system"，中文把李斯特的这部著作理解并翻译为"国民体系"，要比理解并译成"国民制度"或"国家制度"恰当。

1845年，马克思在写完《1844手稿》后不久就读到了李斯特的这部著作，并做了笔记①，在《政治经济学批判。第一分册》中批判性地引述了李斯特②。比较《政治经济学批判。第一分册》和《政治经济学的国民体系》两者的理论形式结构，我们可以看到两者有相似的地方。《政治经济学的国民体系》把理论部分与经济思想史分开来分别作为第二编和第三编③，而《政治经济学批判》的结构是先叙述理论部分，然后再叙述相关的经济思想史部分，理论部分与经济思想史部分是间错开交替叙述的。在每个理论部分结束后，相关的经济思想史都单独写成一节，分别标注为A、B、C，放在每章相应的理论部分之后，以此表明用字母系列联系在一起的内容是有关经济思想史的论述。④ 这是马克思历史与逻辑相统一方法在理论形式上的一种体现。

与《政治经济学批判》相比，《资本论》在历史与逻辑相统一的研究方法上没有变化，而理论形式结构发生了变化。经济思想史的绝大部分内容不再在正文中间与理论部分交错叙述、交替出现，而是被放在了脚注里。还有

---

① 《马克思恩格斯全集》第42卷，人民出版社1979年版，第239页。
② 《马克思恩格斯全集》第31卷，人民出版社1998年版，第429页。
③ [德]弗里德里希·李斯特：《政治经济学的国民体系》，陈万煦译，商务印书馆1961年版。
④ 《马克思恩格斯全集》第31卷，人民出版社1998年版，第445页。

的部分经济思想史内容后来以《剩余价值理论》的形式出版。我们有理由认为，在没有找到更好的理论结构形式前，1859 年马克思借鉴了李斯特的理论结构形式，这种借鉴也使我们猜想，马克思很可能也仿照李斯特"国家系统"一词，来提出"资产阶级经济系统"一词。

而从内容看，德文的 system 与 eigentum 也是有区别的。

我们知道，经济制度在中文里指生产关系，不包括生产方式。而私有制、所有制等的内涵反映的正是生产关系，目前的中译本把 eigentum 理解并译为"制度"是贴切的。但上文提及的马克思所列举的前四个方面即资本、土地所有制、雇佣劳动、国家与生产关系属性有关，可以属于经济制度范畴，而对外贸易和世界市场显然不属于生产关系范畴，它们属于交换关系范畴，因此，不应属于经济制度范畴。中文把 system 理解并译为"制度"，不仅德、英文里所有制与"系统"字面上的区别不明显了，而且内涵上一个比较大的差异也消失了。可见，这里的问题不仅仅是翻译的问题，它反映了内涵理解上的问题。

考虑到马克思大学所学的专业是法律，并且"我写的第一部著作是对黑格尔法哲学的批判性的分析"，"对市民社会的解剖应该到政治经济学中去寻找"[①]，我们可以发现，马克思使用 eigentum 往往侧重于财产关系的角度，而使用 system 往往侧重于中性和科学的角度，从财产关系的法权占有到经济关系的转换，经济学所有制概念有着财产关系的影子，反映的是生产资料的占有关系，反映的是生产关系。因此，与中文"经济制度"相对应的德文应该是 eigentum，而不应该是 system。

学界一般用资本主义生产方式、生产关系和交换关系来表达作为经济总

---

① 《马克思恩格斯全集》第 31 卷，人民出版社 1998 年版，第 412 页。

和或经济整体的资本主义经济。可是，如果把《政治经济学批判序言》"system"理解并翻译为"资产阶级经济系统"，把《资本论》中《现代殖民理论》一章内所说的ökonomischen Systeme理解并翻译为"经济系统"，我们就可以看到，马克思已经使用了更具概括性的"系统"。《现代殖民理论》整章的内容一方面在强调资本主义国家与殖民地国家两种类型国家之间生产关系即所有制的对立，另一方面也意在同时说明两个国家之间两种生产方式的对立。应该把一个国家的生产关系和生产方式联系起来作为一个经济整体从而作为一个经济系统来看待，两个国家之间的生产关系和生产方式的对立关系就是两个经济整体从而是两个经济系统之间的对立关系，具体地说，马克思这里想论述的是由生产关系和生产方式组成的资本主义经济系统与殖民经济系统两个经济系统之间的对立，这样的理解或许更符合马克思的原意，上下文的意思也更贯通。因此，马克思幽默地举了一个殖民失败的资本家的例子："不幸的皮尔先生，他什么都预见到了，就是忘了把英国的生产关系输出到斯旺河去！"① 从英国这个资本主义经济系统出去的皮尔，没有把经济系统内的生产关系也同时搬到殖民地经济系统中去，只搬去了经济系统内的部分要素，结果他不能在新的土地上重新生成资本主义经济系统。可见，马克思所说的"经济系统"（system）的外延大于"所有制"（regiment、eigentum）的外延，经济系统不仅包含所有制，还包括生产力等其他要素。

第二节 社会分工理论中的系统概念和系统分类概念

如果说在《政治经济学批判。第一分册》和马克思经济制度理论里的系统

---

① 《马克思恩格斯全集》第44卷，人民出版社2001年版，第878页。

概念还不那么突出的话，那么，《资本论》和马克思社会分工理论里的系统概念就变得相当突出了。马克思吸收了当时生物学的最新成果，明确使用了系统概念。

古希腊哲学家亚里士多德最早对生命形式作出了分类。他根据运动方式（空中、陆上或水中）将动物作了分类。而马克思是熟读了亚里士多德的著作。

1735年，瑞典生物学家林奈（Carl von Linné）出版《自然系统》对已知的生物进行分类。林奈收集了大量动植物标本，在前人工作的基础上，把植物由高至低分为纲、目、属、种，一共分成了24纲、116目、1000多个属和10000多个种。界、门、纲、目、科、属、种的生物分类方法和分类概念由此产生并沿用至今。林奈系统分类法对动植物涵盖之广可以说无所不包，被称为万有分类法。精确、严谨、方便、实用的分类系统，奠定了科学的生物分类学基础，对生物学发展产生重大影响。后来的学者在门、纲、目、科、属、种之外加了很多附属级别，使分类更为细致。在正常级别之下设立了"亚"，如"亚纲""亚科"等，在正常级别之上设立了"总"，如"总目"；在"亚"之下设立了更小的"下"或"次"。此外，对于植物，在科和属之间还有"族"，在属之下还有"节"，再往下还有"系"。这样就形成了完整的分类单元：域（总界）—界—门—亚门—总纲—纲—亚纲—下纲—总目—目—亚目—下目—总科—科—亚科—族—亚族—属—亚属—节—亚节—系—亚系—种。在种之下，动植物还能分成"亚种"和"变种"。

林奈的认识对当时的知识界产生了很大影响。卢梭在一封信中说："告诉他，就我所知，地球上没人比他更伟大。"① 歌德也说："除了莎士比亚和斯宾诺莎而外，在世之人没人如此强烈地影响了我。"② 博学的马克思对亚里士多德、卢梭、歌德很熟悉，对林奈的生物分类法想来也不陌生。由于林奈不相信物种演化，没有把不同生物之间的联系还原成动态进化、生成的过程，因此，他的生物分类法只是对生物界的静态划分，人为特征还比较明显，有的物种之间的联系显得比较牵强。因此，马克思即使知道林奈的认识成果，并如上所述可能受到李斯特系统概念的启发，出于严谨，遵循历史和逻辑相统一的方法，也不大可能将林奈的认识成果与系统概念结合起来加以经济学的应用。

不过，林奈的生物分类法对生命进化思想作了有益提示，客观上推动了包括达尔文进化论在内的生命进化思想的成长。达尔文（Charles Robert Darwin）与华莱士（Alfred Russel Wallace）于 1858 年 7 月 1 日在伦敦林奈学会上宣读了关于物种起源的论文，提出进化论，揭示生物界不同物种之间的起源和演化过程，说明了它们的自然和历史联系，生物的系统分类具有科学性，取代了林奈的分类法，更加科学地揭示了生物自然系统分类的属性。

有了达尔文理论的有力支持，生物的自然系统分类思想就有了比较坚实的科学基础，那么，马克思注意到自然系统分类思想并在了解了达尔文理论之后加以引用就是可能的事了。不过这里需要指出的是，"达尔文对马克思的影响很大"的见解长期以来颇为流行，近来仍有学者认为："19 世纪初叶，法国生物学家马可……19 世纪中叶，英国哲学家斯宾塞（Herbert Spencer）

---

① "Tell him I know no greater man on earth." 来自：http://www.linnaeus.uu.se/online/life/8_3.html；何家庆：《经典分类学的时代契合——纪念林奈诞辰300周年》，载《科学》，2007年第5期。

② "With the exception of Shakespeare and Spinoza, I know no one among the no longer living who has influenced me more strongly." 来自：http://www.linnaeus.uu.se/online/life/8_3.html。

……1859年达尔文发表《物种起源》……1866年德国生物学家海克尔（Ernst Haeckel）……这些生态学理论对马克思恩格斯劳动概念的形成产生了深远的影响。"① 只是这个见解有些笼统。事实上，《政治经济学批判。第一分册》1859年6月出版，马克思已经提出了劳动及劳动二重性的理论，而《物种起源》晚了近半年于1859年11月24日出版。虽然《物种起源》出版后仅过了不到一个月，恩格斯就认真研读了这部书，并在1859年12月12日给马克思的信中对达尔文的这部著作给予高度评价②，但并没有立即引起马克思的重视。马克思过了近一年于1860年11月底至12月19日开始阅读《物种起源》。他在给恩格斯的信中将此书描述为他的世界观的"自然历史的基础"③。

从马克思、恩格斯上述往来信中推测，马克思与达尔文当时虽同处伦敦，但不大可能参加达尔文宣读论文的那次会议④，也就不大可能在出版《政治经济学批判。第一分册》之前了解到达尔文进化论所揭示的生命进化思想，也就不能把基于进化论的自然分类法与林奈的系统分类法联系起来，并及时应用到自己的研究中去。

而到了1867年《资本论》时，情况就不同了。我们可以很明显地看到，马克思吸收了生物学的系统分类和自然分类的思想成果。劳动演化出社会分工，劳动产品因交换而成为商品，他对商品交换这个阶段的劳动与社会分工是这样论述的："各种使用价值或商品体的总和，表现了同样多种的、按照

---

① 温莲香：《马克思恩格斯劳动概念的生态维度解读》，载《当代经济研究》，2012年第5期。
② 《马克思恩格斯全集》第29卷，人民出版社1972年版，第503页。
③ 《马克思恩格斯全集》第15卷，人民出版社1972年版，第756页。
④ "虽则达尔文和马克思在英国许多年是同时代的人，可是没有多少证据来证明他们之间的私人关系。"（见［美］朗克尔（Gerald Runkle）：《马克思主义和达尔文》，载《现代外国哲学社会科学文摘》，1962年第5期）

属、种、科、亚种、变种分类的有用劳动的总和,即表现了社会分工。"① 这里的属、种、科、亚种、变种明显借用了生物系统分类法的概念。马克思在这里是用系统分类来比喻社会分工。他紧接着说:"在产品普遍采取商品形式的社会里,也就是在商品生产者的社会里,作为独立生产者的私事而各自独立进行的各种有用劳动的这种质的区别,发展成一个多支的体系,发展成社会分工"②,"一方面,生产者的私人劳动必须作为一定的有用劳动来满足一定的社会需要,从而证明它们是总劳动的一部分,是自然形成的社会分工体系的一部分"③。以上两处所提到的"体系"德文分别是"system" "systems",英文版里"多支的体系"为"complex system",这与今天复杂性科学所使用的复杂系统这一概念是一致的。可见,马克思实际上吸纳了生物学的系统分类思想,把人类社会作为一个整体,把人类内部的社会分工看成是一个有层次的、整体性的、既有联系又有区别的复杂系统。马克思进一步用有机体概念作了明确阐述。他指出:"分工是自然形成的生产有机体"④,"把自己的分散的肢体表现为分工体系(system)的社会生产有机体,它的量的构成,也像它的质的构成一样,是自发地偶然地形成的。"⑤

社会发展到资本主义阶段,社会分工也相应地演变、发展到机器和大工业,马克思更加明确而突出地使用了"系统"一词来论述社会分工。"必须把许多同种机器的协作和机器体系这两件事区别开来"⑥,"真正的机器体系才代替了各个独立的机器","工场手工业本身大体上为机器体系对生产过程

---

① 《马克思恩格斯全集》第44卷,人民出版社2001年版,第55页。
② 《马克思恩格斯全集》第44卷,人民出版社2001年版,第56页。
③ 《马克思恩格斯全集》第44卷,人民出版社2001年版,第90页。
④ 《马克思恩格斯全集》第44卷,人民出版社2001年版,第127页。
⑤ 《马克思恩格斯全集》第44卷,人民出版社2001年版,第129页。
⑥ 《马克思恩格斯全集》第44卷,人民出版社2001年版,第435页。

的划分和组织提供了一个自然基础"①,"现在是各种单个工作机和各组工作机的一个有组织的体系"②,"一个机器体系,无论是像织布业那样……"③,"通过传动机由一个中央自动机推动的工作机的有组织的体系,是机器生产的最发达的形态"④,"在工场手工业中,社会劳动过程的组织纯粹是主观的,是局部工人的结合;在机器体系中,大工业具有完全客观的生产有机体"⑤,"机器和发达的机器体系这种大工业特有的劳动资料"⑥。以上所有中文的"体系"在德文里都是"system"。"大工业的原则是,首先不管人的手怎样,把每一个生产过程本身分解成各个构成要素,从而创立了工艺学这门完全现代的科学。社会生产过程的五光十色的、似无联系的和已经固定化的形态,分解成为自然科学按计划的和取得预期有用效果而系统分类的应用"⑦。这里明确地使用了"系统分类"一词。借助系统概念,我们可以看到,马克思要阐述的是机器与工具有着质的差别。虽然机器与工具同样是主体客体化了的物,是现实的生产力,是社会分工发展的新标志,但机器是一个系统,因而是一个整体,具有大于工具之和的整体性,它再现了社会的系统分工,主体形式的社会分工而形成的系统,经一系列的演化生成和转换为机器的系统,转化为物的系统。《资本论》用大量篇幅论述机器和大工业,把它作为相对剩余价值生产的方式,作为资本主义生产的典型方式,不是偶然的。

综上所述,除了学界已经指出的那样,马克思使用了系统科学中的"有机体"概念而外,他还直接借用系统科学出现以前的生物学"系统"概念作

---

① 《马克思恩格斯全集》第44卷,人民出版社2001年版,第436页。
② 《马克思恩格斯全集》第44卷,人民出版社2001年版,第437页。
③ 《马克思恩格斯全集》第44卷,人民出版社2001年版,第437页。
④ 《马克思恩格斯全集》第44卷,人民出版社2001年版,第438页。
⑤ 《马克思恩格斯全集》第44卷,人民出版社2001年版,第443页。
⑥ 《马克思恩格斯全集》第44卷,人民出版社2001年版,第444页。
⑦ 《马克思恩格斯全集》第44卷,人民出版社2001年版,第559页。

为经济学概念,从形式到内容、实质性地直接建立了"资产阶级经济系统"概念。因此,应把"系统"认作马克思经济学的重要术语,本文所提及的 system 中文均应理解和翻译为"系统",例如,可以参照英文版把前述"多支的体系"翻译为"复杂的系统",而《资本论》中其他地方出现的 system 一词,中文翻译应结合上下文语境理解和译成"系统"。

事实上,在此基础上深入马克思经典文本,可以发现马克思经济学对象具有系统属性即整体性,马克思经济学对象的系统存在特征也就被揭示了。

第三节 马克思经济学对象的系统质

以上只是从系统概念的外延属性,表明了马克思使用了"系统"概念。要完整地说明,还得从系统概念的内涵属性来考察。

一、系统存在的内涵

(一) 系统的整体性和层次性

系统的整体性和层次性是系统存在的两个基本规定。[①] 系统整体性有两方面的含义。一方面,是指系统具有大于或超越组成系统的各个部分之和的属性。另一方面,是指系统作为一个整体对来自环境的外来作用能相对独立地作出反应,而不完全依赖于要素或子系统对外来作用的反应。进一步看,从质的规定性来看,系统具有把各个部分质加和后所没有的新质,也就是系

---

① 注:系统存在还有同构性等其他基本规定。

统质。反过来说，系统质就是系统在分解成各个组成部分时失去的、而在部分简单综合中不具备的属性。仅此而言，系统就是系统质，系统就是系统整体性。系统、系统质与系统整体性三者是一致的。而从量的规定性看，"整体大于部分之和"的系统质有时恰恰体现为系统量的减少。系统质产生后，系统量反而减少了。例如，同样大小的一杯水与另一杯糖混合而成的糖水盛不满两个杯子，得不到两杯糖水。水与糖不同质，但组成糖水形成系统质后，糖水量反而减少了，就是说，系统量反而出现了 $1+1<2$ 的情形。

系统的层次性即系统的等级性，一个系统总是由若干子系统组成的，而该系统本身又可看作是更大的系统的一个子系统，这个更大的系统被称为环境或者说超系统。超系统、系统、子系统三者构成了系统的层次性。不同层次的系统具有相应层次的整体性，系统整体性也就展开为不同层次的整体性。

（二）系统存在的内涵：时空体

对于什么是系统，学界的定义和理解大体可归为三种。第一种较为普遍的情形是把系统看作相互作用着的若干要素的复合体，第二种是贝塔朗菲用联立的微分方程定义的系统。系统包含多个要素，其中任意一个要素随时间的变化都是其他所有要素的函数，与前一个相比，这个定义突出了时间特征。① 第一种情形及前述对系统整体性和层次性的理解其实都可看作是贝塔朗菲定义的积分形式。值得关注的是第三种情形，即系统科学家、国际系统科学协会前任主席 J. G. 米勒（James Grier Miller）的理解。他把系统理解为在空间和时间上有限的领域，其中的诸元由功能关系联结在一起。② 简要地

---

① [美] L. F. 贝塔朗菲：《一般系统论——基础发展和应用》，林康义、魏宏森译，清华大学出版社1987年版，第52页。
② 转引自朴昌根：《系统学基础》，四川教育出版社1994年版，第111页。

说，在米勒看来，系统是时空体。这个理解之所以值得关注并为我们所采纳，原因有以下几点。

1. 它能较好地与现代物理学两大革命的认识成果相衔接。我们知道，狭义相对论认为一维的时间与三维的空间彼此不是独立无关的，而是统一为时空或空时，而广义相对论真正把物质、能量、时空统一起来。广义相对论表明，空时与能量、物质并不相互独立，空时是能量、物质分布的后果，可以归结为能量或者物质。说系统是时空体，就意味着系统与能量、物质是相联系的，系统不过是能量、物质的一定形态。①

2. 能较好地统合人文社会科学的对象。贝塔朗菲指出："符号、价值、社会实体和文化的世界是'很真实'的东西，它嵌入宇宙的层次系统中，就便于为斯诺（Charles Percy Snow）所说的'两种文化'（即科学和人性、技术和历史、自然科学和社会科学以及诸如此类的对立）架设桥梁。"②

3. 这个理解本身已蕴含着系统存在与系统演化、动态与静态的统一。上述第一种定义强调了系统的空间性，侧重于系统的静态特征，没有强调时间特征。按照这种理解，要阐述系统演化，阐述不同系统之间的联系，阐述一个系统到另一个系统的生成演化或者同一个系统不同状态的变化过程，要描述这些系统的动态特征，还需要另外引入时间因素。这是一些整体论学者批评系统整体论的原因。③ 他们认为，系统整体把系统理解为要素的组合，本质还是构成整体论，还不完全是真正意义上的整体论，不是生成整体论。而如果按照米勒的理解，这样的批评其实只是一种表面的误解。

---

① 这里的说法较为笼统，需要系统自组织理论才能更加详细地说明现代物理学与系统科学关系。
② ［美］L. F. 贝塔朗菲：《一般系统论——基础发展和应用》，林康义、魏宏森译，清华大学出版社1987年版，第6页。
③ 罗嘉昌等：《整体论：科学研究的新路径》，载《科学时报》，2006年11月30日。

4. 能较圆满地解决系统分类从而较圆满地解决不同科学的分界问题。科学分界与科学对象密切相关。随着 20 世纪自然科学的不断发展，不同自然科学对象之间那种泾渭分明的、相互没有联系的形而上学的特征在减弱，自然科学对象常是你中有我、我中有你，使得一些科学界限交叉，引出了科学界限不够明晰的问题。把科学研究对象理解为系统，把系统理解为时空体，那么，按时间长短、空间不同大小的组合态来区分不同的系统，能较圆满地解决科学的分界问题。

5. 能更加圆满地把握现代系统范式，为马克思经济学与现代系统范式的契合与贯通提供哲学根据。众所周知，马克思主义哲学是马克思经济学的哲学根据。晚年的恩格斯在总结唯物史观和唯物辩证法时指出："一个伟大的基本思想，即认为世界不是既成事物的集合体，而是过程的集合体，其中各个似乎稳定的事物同它们在我们头脑中的思想映象即概念一样都处在生成和灭亡的不断变化中，在这种变化中，尽管有种种表面的偶然性，尽管有种种暂时的倒退，前进的发展终究会实现。"① 这里把事物理解为过程，不同的事物就是不同的过程，大大小小的事物就是长短不一和空间各异的过程。把系统的时空体理解与之对照，可以看到，系统的时间特征与事物的过程性是契合的，有一种看法就认为，系统是继事物之后替代事物的范畴。②

如果说系统是时空体，而系统效应是"整体大于部分之和"，由以上两点我们可以得到一个推论：一个生产系统的生产时间可以短于组成它的两个子系统的分别独立生产时的时间之和，或者反过来说，生产系统的生产效率

---

① 《马克思恩格斯选集》第 4 卷，人民出版社 2012 年版，第 244 页。
② 如闵家胤认为："系统"是"事物"科学化的替代物，是经过理性把握住了的、透视了的事物，这样的事物不再是以前那样一个混沌的、笼统的表象，而是各个方面、各种关系的总和，是理性具体的表示方式。（见闵家胤：《进化的多元论——系统哲学的新体系》，中国社会科学出版社 1999 年版，第 41 页）

大于、高于两个子系统的生产效率之和。我们由此可以找到理解商品价值量从而理解资本运动的关键点，找到"系统存在"这个联结马克思经济学与系统科学的本体论环节。

二、商品整体性

商品是用来交换的劳动产品。劳动产品的特征被抽象为使用价值概念，两个劳动产品之间的交换特征被抽象为价值。劳动二重性、商品二重性的发现、价值范畴的创立是马克思把外部真实的交换过程抽象、压缩成逻辑、由外部整体到内部结构的认识过程。具体而言，劳动产品反映出人与自然的关系，而劳动产品相交换反映出人与人的关系。当马克思对外在于两个劳动产品的、介于两者之间的交换关系，加以概括得到抽象的价值本质，把价值压缩进每个劳动产品时，劳动产品就一分为二，有了两个要素，产生了内部结构。他把现实而复杂的具体，抽象、分析、分解、还原成简单的、思维的具体，把发育的身体缩微成一个细胞，在缩微的过程，暂时去掉了其他规定，保留了两个最基本的规定，保留了"人—自然物"和"人—人"两对最基本的对立统一关系，也就得到了两个最基本的子系统："人—自然物"和"人—人"两个子系统。作为认识结果的劳动二重性，不是还原主义下的单一要素，而是一个理性的具体，是由两个要素组成的系统整体。所谓劳动产品一分为二为使用价值物和价值物，成为商品，这里的使用价值物与价值物也分别有自己的要素与结构，因而不是一个单一的物，也是可以进一步分解的系统整体。其中，使用价值子系统的要素是人与自然，价值子系统的要素是人与人，商品就是由这两个子系统组成的系统，商品就是商品系统。商品交换就是两个商品系统整体的交换。商品系统在马克思那里是由上到下的三个层次：第一层是商品系统，第二层价值子系统与使用价值子系统，第三层是抽象劳动、价值质与价值量，具体劳动、使用价值质与使用价值量。

（一）价值的系统整体性和层次性

1. 价值质的社会系统整体性

商品二重性意味着商品既是使用价值也是价值，商品二重性决定于劳动二重性，商品的使用价值由具体劳动决定，反映了劳动的自然属性。为此，还需要解读商品价值的整体性。

马克思对商品的价值与使用价值的分析均是从质与量的两个规定性展开的。不同种类的劳动产品具有不同的用途，具有不同的使用价值，因此，它们的使用价值性质不同，是有差异的，不同的劳动产品就是不同的使用价值。一个劳动产品经过交换之后成为商品，因此，它的使用价值性质并没有变化，它还是同一个东西，可是却多了一点东西。马克思起初用交往、交换价值来概括商品交换现象，继而发现交换价值依然是现象，为此，他进一步概括、提炼出一个更为本质的东西，正是这个东西，使不同的劳动产品具有了共性，劳动产品因而成为商品。而这个东西不能归结为不同的劳动产品的自然属性，因为具有不同自然属性的劳动产品在交换前后并没有消失和变化，这个东西就是价值。是同一个劳动产品过手交换后所产生的新质：价值质。

《1857—1858 手稿》对"价值质"做了提示："价值是商品的社会关系，是商品的经济上的质……作为价值，商品是等价物；作为等价物，商品的一切自然属性都消失了；它不再和其他商品发生任何特殊的质的关系，它既是其他一切商品的一般尺度，也是其他一切商品的一般代表，一般交换手段。

作为价值，商品是货币。"①

马克思对价值的考察是从质与量两个基本规定展开的。不过，马克思没有在正式出版的《资本论》中直接使用过"价值质"范畴，《资本论》第一卷第一章"价值"小标题后面用括号加了"价值实体，价值量"，把价值规定为人类无差别的抽象劳动的凝结。抽象劳动的本质是它的社会属性，由于价值反映的是人与人的关系，而"在其现实性上，它（人的本质）是一切社会关系的总和"②，相应的，价值质的本质属性是它的社会属性。价值虽然是抽象劳动的凝结，但抽象劳动只是从抽象的方面去看劳动，抽象劳动、价值质不是独立的物理存在，不是独立的物理实体，是人与人之间社会关系联结存在的表现，因而是一种系统存在。人类社会就是人类社会系统，所以，从质的规定性看，社会关系属性指的就是社会系统质，价值质的本质就是社会系统质。价值概念是社会系统整体性、层次性在商品社会条件下的一种经济学反映，价值概念是一个系统概念，是一个整体性概念。一旦没有了商品，没有了交换，也就没有了价值，但人和人的关系依然存在，人的社会属性依然存在，因此，社会系统的整体性、社会系统的系统质依然存在，但不再表现为价值概念，因此，价值概念是历史的。

2. 价值量的结构性、平均性、竞争性

既然价值质的属性是社会属性、社会系统整体性，因此，不同商品的价值差异不在于价值质，而在于价值量。价值量必然是同一属性的价值质的量化，是"社会必要"性的具体形式体现。为加深解读马克思对价值量的"社会必要"性的有关论述，似可引入以下三个相关的性质：一是结构性，二是平均性，三是竞争性。

---

① 《马克思恩格斯全集》第30卷，人民出版社2001年版，第89页。
② 《马克思恩格斯选集》第1卷，人民出版社1994年版，第60页。

所谓结构性含义，是指人类社会整体分配在各个不同门类的商品生产部门上的劳动时间数量关系。既然人类社会是人类社会系统，因此，人类社会的不同比例划分就是人类社会的结构。相应地，不同比例的劳动时间划分就是不同的劳动结构，不同的社会必要劳动时间比例划分就是不同的价值量的结构。马克思对价值量的结构性、不同类别的商品之间的比例式生产或结构性的生产、增长作了深刻的提示："我们看到，某些使用价值在前后悬隔的不同文化时代里彼此间总是构成一个特有的交换价值的系列，这些特有的交换价值彼此间虽然不是保持着丝毫不变的数字比例，但是保持着高低级次的一般关系，如金、银、铜、铁或小麦、黑麦、大麦、燕麦，由此只能得出结论：社会生产力的向前发展，以均等的或大体均等的程度影响着生产这种种商品所需要的劳动时间。"① 这个深刻论述和提示，已经预示着后来不同部类或应用经济学里的产业结构问题。

所谓平均性含义，就是同类商品中每个商品分得的平均劳动时间。由于劳动创造价值，马克思从劳动力的社会平均意义指出了它所决定的价值量的社会平均意义："体现在商品世界全部价值中的社会的全部劳动力，在这里是当作一个同一的人类劳动力，虽然它是由无数个单个劳动力构成的。每一个这种单个劳动力，同另一个劳动力一样，都是同一的人类劳动力，只要它具有社会平均劳动力的性质，起着社会平均劳动力的作用，从而在商品的生产上只使用平均必要劳动时间或社会必要劳动时间。"② "每一种商品（因而也包括构成资本的那些商品）的价值，都不是由这种商品本身包含的必要劳动时间决定的，而是由它的再生产所需要的社会必要劳动时间决定的。"③

---

① 《马克思恩格斯全集》第 31 卷，人民出版社 1998 年版，第 431 页。
② 《马克思恩格斯全集》第 44 卷，人民出版社 2001 年版，第 52 页。
③ 《马克思恩格斯全集》第 46 卷，人民出版社 2003 年版，第 157 页。

所谓竞争性，简言之，就是"少算多不算"。与一个商品的价值量相联系的时间并不是生产它的物理时间，两者不完全一致。马克思对商品价值量的时间规定受着价值质的制约，价值量的时间规定是社会整体性意义下的时间，是人与人之间关系意义下的时间。在某个商品与同类的其他商品均分劳动时间时，如果这个商品劳动实际使用的物理劳动时间高于平均劳动时间，则高于的部分不被计入价值量，如果这个商品劳动实际使用的物理劳动时间少于平均劳动时间，则少于的部分可以计为价值量。由此，我们进一步看到，商品的价值量是如何受到价值质的制约，它不是单纯的物理时间，而是加入社会整体性规定的物理时间，是加入了人与人关系规定的物理时间。价值量的竞争性可以用价值的无形损耗来具体说明。一个年代久远的商品，生产它时实际使用的劳动时间已经是过去时，不可能发生变化，生产出来之时的价值量是按当时的社会平均必要劳动时间计算的，但是，如果它的使用价值还没有消失，而今天生产一模一样的新产品所需的社会必要劳动时间即价值量小了，那么，过去的这个商品的价值量也就变小了。就是说，价值量不是一个过去时概念，而是一个现在时概念。商品的价值量固然是由商品所包含的劳动量决定的，但这个劳动量本身是社会地决定的。如果生产商品的社会必要劳动时间改变了，例如，棉花产量相同时，歉收年比丰收年表示更多的劳动量，那就会反过来对原有的商品发生影响，因为原有的商品始终只是本类商品的一个样品。

综合价值质和价值量两方面看，每类商品、每类商品中的每个商品的价值质都是一样的，价值质不是物理存在，不具有物理自然属性，而具有系统自然属性，具有社会系统属性。价值并不是低层次上的物理系统存在，而是高层次上的人类社会系统存在，它就像一堵砖墙上墙缝形成的图案：砖墙拆掉了，图案也就没有了。价值之所以难以把握，与价值的人类社会系统质的属性有关。马克思指出:"同商品体的可感觉的粗糙的对象性正相反,在商品体的价值对象性中连一个自然物质原子也没有","因而它的价值对象性纯粹是社会的"。① 那时已知的物质存在的最小单位还是原子,所以这里用原子作为自然存在的代名词,以此说明价值对象性的非自然属性,强调它的社会属性。马克思又进一步放大到社会系统范围内作了比喻:"真正的商业民族只存在于古代世界的空隙中,就像伊壁鸠鲁的神只存在于世界的空隙中,或者犹太人只存在于波兰社会的缝隙中一样。"②

价值概念是马克思经济学与社会学相统一的结果,如果说价值具有人类社会系统质的属性,那么,价值运动就是人类社会系统运动的反映,价值量在很大程度上就是反映社会系统运动的经济量,价值量的变化就是社会关系变化的量的反映。价值量的系统整体性和层次性,已经预示着一种可能,那就是:随着商品交换,价值规定从而价值规律将逐步越过不同的民族和国家界限,作用于不同民族和国家的劳动力,把不同的民族和国家、把全世界的劳动力逐步联结起来。由于货币、资本都是由价值来规定的,因此,这里已经包含了人类社会、世界经济通过价值纽带、货币纽带、资本纽带成为一个系统整体的可能。

(二) 作为子系统存在的具体劳动、使用价值及其整体性、层次性

虽然不同的商品的使用价值性质不同,但使用价值也具有整体性。所谓使用价值的整体性,是指作为使用价值的劳动力、生产资料、生活资料都是自然物,具有统一的自然属性。由于生活资料或者说劳动产品的使用价值循环,直接是人的生命过程的循环,这是一个生物、物理科学的问题,因此,马克思没有把它作为研究的重点,而是把它放在人的再生产之中考察的。这

---

① 《马克思恩格斯全集》第44卷,人民出版社2001年版,第61页。
② 《马克思恩格斯全集》第44卷,人民出版社2001年版,第97页。

里需要特别关注的是劳动力及其使用价值,从这里引出了生产力问题。

劳动力是"一个人的身体即活的人体中存在的、每当他生产某种使用价值时就运用的体力和智力的总和"①,而劳动力的使用价值"本身具有成为价值源泉的属性"。很显然,劳动力的使用价值属性在劳动力没有成为商品之前,在劳动力还作为人存在的时候就已经有了。由于劳动是人与自然之间的新陈代谢,劳动力使用价值的这种属性就是自然属性,只是由于在商品经济条件或资本主义条件下,才表现为价值创造的属性。由于"使用价值只能在消费中实现",劳动力的使用价值也只能在劳动力的消费中实现,劳动力的使用价值消费就是劳动,可见,劳动把劳动力与生产资料两者的使用价值联结起来,是两者自然属性相统一并且演进的过程。

(三)商品系统整体性的现实运动结晶:货币

虽然"作为价值,一切商品都只是一定量的凝固的劳动时间"②,但抽象劳动与具体劳动并不是空间上并列的两次劳动,也不是时间上相继的两段劳动,抽象劳动、价值量所代表的时间,与具体劳动、使用价值生产所用的时间并不是两次时间,因此,把商品二重性理解为商品是使用价值子系统和价值子系统组成的系统,并没有完全说明商品的系统存在性、整体性,没有把抽象劳动与具体劳动、价值与使用价值的整体性说透,真正能说明商品的系统存在性、整体性,说明商品系统并不是使用价值子系统与价值子系统的简单加和,是商品的交换过程。

把马克思对商品交换运动的考察,理解为对商品系统整体交换运动的考察,或许能使《资本论》里这个公认的难点理解变得容易一些。价值和使用价值二重性构成了商品整体,因此,一个商品与另一个商品的对立,就是一

---

① 《马克思恩格斯全集》第 44 卷,人民出版社 2001 年版,第 195 页。
② 《马克思恩格斯全集》第 31 卷,人民出版社 2001 年版,第 422 页。

个两要素构成的整体与另一个两要素构成的整体之间的对立,就是一个系统与另一个系统之间的对立,两个商品的交换与对立,就是两个商品系统的交换与对立,是两个要素、两个子系统组成的系统的整体对立与交换。马克思先把两个商品也就是两个使用价值和价值组成的整体作为外部对立,两个商品的价值关系,就是两个商品系统的整体关系,而每个商品系统虽然包括两个要素,但在两个商品系统的现实交换与对立中,每个商品系统各只有一个要素能得到外在的表现。其中,一个商品系统表现出使用价值时,其价值就得不到表现;而一个商品系统表现了价值时,其使用价值就得不到表现。因此,"两个商品的价值关系为一个商品提供了最简单的价值表现"[1],由于要素表现不一样,两个商品系统虽然是整体的对立,但是地位与作用也就不一样了:"通过价值关系,商品 B 的自然形式成了商品 A 的价值形式,或者说,商品 B 的物体成了反映商品 A 的价值的镜子。"[2] 商品 B 的使用价值形式就成为商品 A 的价值形式,"使用价值成为它的对立面即价值的表现形式"[3],"具体劳动成为它的对立面即抽象人类劳动的表现形式"[4],"私人劳动成为它的对立面的形式,成为直接社会形式的劳动"[5]。马克思从商品系统整体对立的结构性矛盾,分析出这个内部对立的外在表现,从而引出了价值形式演变,最终导出货币概念。

---

[1] 《马克思恩格斯全集》第 44 卷,人民出版社 2001 年版,第 62 页。
[2] 《马克思恩格斯全集》第 44 卷,人民出版社 2001 年版,第 67 页。
[3] 《马克思恩格斯全集》第 44 卷,人民出版社 2001 年版,第 71 页。
[4] 《马克思恩格斯全集》第 44 卷,人民出版社 2001 年版,第 74 页。
[5] 《马克思恩格斯全集》第 44 卷,人民出版社 2001 年版,第 74 页。

第五章 马克思经济学的耗散结构论特征：作为新陈代谢的劳动

如前所述，福斯特发现：马克思用于揭示劳动内涵的"物质变换"（德文 Stoffwechsel）移用的正是当时生理学、生物学才诞生不久的"新陈代谢"，因此，所谓劳动是人与自然之间的物质变换，其实就是人与自然之间的新陈代谢。近年来，由于现实中越来越严重的生态问题，生态马克思主义的有关研究渐渐对国内学界产生广泛影响。几乎与福斯特同时，国内的杨柄[①]、李成勋[②]在"物质变换"概念的名义下探讨了"物质变换"规律和可持续发展，从事生态马克思主义研究的学者也很快注意到了福斯特、伯克特（Paul Burkett）的研究。受日本学界生态思想的影响，韩立新的研究认为，1962 年法兰克福学派施密特（A. Schmidt）首次从马克思经济学中提出了物质代谢

---

① 杨柄：《马克思恩格斯论人类与自然的物质变换规律》，载《当代思潮》，2000 年第 3 期。
② 李成勋：《马克思论人与自然之间的物质变换——可持续发展理论的先声》，载《株洲师范高等专科学校学报》，2000 年第 4 期。

概念①、郭剑仁②、刘仁胜③以及近来有相当代表性的陈学明④等学者们的研究从中译法⑤、内涵以及出处、思想渊源等多个角度对劳动的新陈代谢特征作了探讨。这些研究有争议，也达成了一些共识。例如，《资本论》第三卷最新的中译本已有所反映，虽然没有在正文中把"物质变换"译成"新陈代谢"，却以"物质变换（新陈代谢）"这样的注释形式⑥反映了新的研究成果。总的看，受生态马克思主义的影响，国内学者的进路大体上是从人与自然的关系入手，从人与自然的生态危机的现象入手，由外而内、由宏观到微观，从物质变换到物质代谢再到新陈代谢。

国内学者们也许是对自然科学不够敏感，没有把劳动与新陈代谢的关系置于更大的视野里，没有深入开掘劳动这个衔接马克思经济学与生态学、生物学及其分支学科的理论环节更为深刻的理论内涵。

事实上，从系统演化的角度，进一步认识马克思如何从异化劳动对劳动自然属性的提示到对劳动新陈代谢特征的阐述，我们就能看到马克思经济学的现代系统科学意蕴。此外，一些争议可望消除，例如，物质变换与新陈代谢的译法之争、福斯特是否把马克思混同于旧唯物主义⑦。而更为深远的是，

---

① 韩立新：《马克思的物质代谢概念与环境保护思想》，载《哲学研究》，2002 年第 2 期。韩立新虽然没有直接以新陈代谢的中文形式探讨问题，但却明确地阐释了德文 Stoffwechsel 的内涵，很多与此有关的重大问题也有所涉及，如，作为物质代谢的劳动过程。

② 郭剑仁：《马克思的物质变换概念及其当代意义》，载《武汉大学学报》，2004 年第 2 期。据他的不完全统计，马克思、恩格斯的主要著作中运用物质变换概念达 110 多处。

③ 刘仁胜：《生态马克思主义概论》，中央编译出版社 2007 年版。

④ 陈学明：《马克思"新陈代谢"理论的生态意蕴——J. B. 福斯特对马克思生态世界观的阐述》，载《中国社会科学》，2010 年第 2 期。

⑤ 钱箭星、肖巍：《马克思"物质变换"思想及其循环经济引申》，载《复旦学报（社会科学版）》，2009 年第 4 期。作者提出："物质变换"（或"物质循环"）的译法更能表现人与自然的关系，也更符合马克思《资本论》的语境。

⑥ 《马克思恩格斯全集》第 46 卷，人民出版社 2003 年版，第 1175 页。

⑦ 卜祥记：《福斯特生态学语境下的马克思哲学——〈马克思的生态学〉的旧唯物主义定向》，载《哲学动态》，2008 年第 5 期。

能够更充分地认识到马克思经济学的科学性与人文性会通的特征，为马克思经济学的现代系统范式提供坚实的科学依据。①

第一节 马克思恩格斯时代有关的物理学发展

根据系统分析的要求，不论研究对象是社会系统、认识系统还是自然系统，只有把研究对象放在一定的环境中，才能更清楚地认识到它与环境的关系。《1844 手稿》的经济学内容，到 1859 年《政治经济学批判》，其间有过中断。《政治经济学批判》只展示了《1857—1858 手稿》的部分成果，而从《1857—1858 手稿》里开始直到《资本论》第三卷，新陈代谢一直都是一个关键的术语。因此，这里有必要简要回顾一下从《1844 手稿》到恩格斯去世时的 1895 年这一时期自然科学关于新陈代谢的主要认识进展，其中主要回顾与新陈代谢有关的物理学的进展，作为参照对比的理论环境。

直到 20 世纪中叶，作为生命系统的整体现象和本质现象，新陈代谢才为现代系统科学比较充分地揭示，在 19 世纪新陈代谢的概念虽广为应用，但新陈代谢还只是一种综合性质的自然现象，关于它的认识是分散在各门传统自然科学里的。

代谢概念在 13 世纪已经出现。阿拉伯医学家伊本·纳菲斯提出，"身体和它的各个部分是处于一个分解和接受营养的连续状态，因此它们不可避免地一直发生着变化"。早在 1614 年意大利的桑托里奥·桑托里奥（Santorio Santorio）完成了首个关于人体代谢的实验。在此基础上，进入到 19 世纪后，

---

① 感谢《政治经济学报》匿名专家对这部分内容的评审，感谢潘华教授对这部分内容德文部分的指导与帮助。

1828年德国化学家、李比希的好友维勒（Friedrich Wöhler）人工合成了尿素，打破了生物现象与化学现象的界限，开创了有机化学，有机物只能来自生命体的"生命力"学说受到冲击。但即便如此，生物学和有机化学相互间的联系还是不紧密的，还在分头并进和发展之中。1839年细胞学说的提出，在生物学内部建立了动物与植物相联系的微观理论，但不同动物物种之间由低级到高级的演化过程还没有被揭示。达尔文的《物种起源》揭示了这个过程，而它比在柏林出版的《政治经济学批判》晚了半年时间。从有机化学来看，1842年化学之父、德国化学家李比希明确界定了"Stoffwechsel"一词，这就是生物学、生理学、化学沿用至今的"新陈代谢"。

今天我们知道，新陈代谢包括能量代谢和物质代谢，而当时物理学对能量的概念和能量的内涵的认识都还不成熟，能量与活力之间的区分是不明确的，两者没有完全分开。从概念上看，德语的能量（Energie）一词、英语的能量（energy）概念由两个希腊词组合而成：εν 的意思是"在……之中"，ερүοs 的意思是"功、劳动"，能量最初的内涵是"加进去的功、加进去的劳动"。就在李比希提出新陈代谢概念的这一年，德国医生罗伯特·迈尔（Julius Robert Mayer）提出了能量守恒（Energieerhaltung）原理，相应地产生了能量（Energie）与守恒（Erhaltung）组合的新术语，成果就发表在李比希创办的《年鉴》上。随后的1843年，英国曼彻斯特啤酒酿造商焦耳（James Prescott Joule）测定出热功当量值，既定量也定性地把热与做功联系起来。加上此前关于"能量是加到自然物里的功"的认识，焦耳的测定工作提示了能量、做功、热三种物理现象的联系。1847年德国医生、物理学家亥姆霍兹（Hermann von Helmholtz）发表了"Die Erhaltung der Kraft"，社会科学把"Kraft"理解为"力"，中文译作《活力的守恒》。这里"活力"的意思是一种使物体活泼起来（动起来、热起来）的力，但实际上与能量（Energy）讲的是同一个东西。① 因此，亥姆霍兹所说的活力守恒就是后来被广泛采用的能量守恒。

这一时期的自然科学与社会科学相互启发、相互影响，新的现象与新的术语不断产生。其中，关于19世纪科学与哲学的关系，特别是物理学、生物学、生理学与哲学之间关系的认识，顺理成章地就出现了。丹皮尔（William Cecil Dampier）对此做了阐述。他指出：在19世纪这一时期"主要是由于后期黑格尔派的影响（不是由于黑格尔本人的影响），哲学与科学的分离愈益明显。"他大段引用亥姆霍兹（该书中文译名为"赫尔姆霍兹"）的话来证明他的看法②，并且很自然地引出19世纪关于物质与力的关系的认识，引出了摩莱肖特（Jacob Moleschott）、毕希纳（Ludwig Büchner）与福格特（Karl Vogt）等三人为代表的唯物主义。丹皮尔一方面肯定了毕希纳等三人对纠正黑格尔主义的"影响良好"，另一方面也指出他们在物理专业上的历史

---

① ［美］弗·卡约里：《物理学史》，戴念祖译、范岱年校，广西师范大学出版社2002年版，第164页。
② ［美］W. C. 丹皮尔：《科学史》，李珩译、张今校，广西师范大学出版社2001年版，第279—280页。

局限。①

此时的马克思、恩格斯也在不断从同时期的自然科学发展和哲学发展中汲取营养。但术业有专攻,马克思、恩格斯对物理学掌握到何种程度了呢?

从1870年起直到去世,恩格斯退出商业经营移到伦敦与马克思毗邻而居后,两人分工,恩格斯说自己"如李比希所说那样的脱毛",开始大量补充自然科学知识。一部分内容反映在正式发表的著作《反杜林论》中。在这部书1885年的序言中恩格斯说:"我的这种阐述不可能在他不了解的情况下进行……在付印之前,我曾把全部原稿念给他(马克思)听。"② 因此,《反杜林论》里的内容和观点也可以说代表了马克思。而恩格斯另外掌握的相当多的自然科学内容,反映在遗著《自然辩证法》中。如,恩格斯在没有正式发表的《反杜林论》旧序中肯定了毕希纳对柏林老年黑格尔派的超越③。

以能量与力的关系为例,恩格斯说:"'能'这个词确实没有把整个运动

---

① 丹皮尔还对唯物主义、达尔文主义、共产主义者关于经济学和政治学的认识等之间的关系下了极简的断语。为简化阐述起见,将完整段落引用如下:"18世纪时,第五章所叙述过的唯物主义的哲学,在法国复生,19世纪时,又在德国再起。早期的领袖,如摩莱肖特、毕希纳与福格特都把他们的哲学建立在科学成果上,特别是生理学与心理学的成果上。毕希纳的书名《力与物质》(Kraft und Stoff, 1855)就说明把力与物质看作是最终的实在的观念构成这个唯物主义运动的一个必要部分。在有些玄妙的黑格尔唯心主义盛行半世纪以后,有这样的唯物主义学派,促使人们注意自然科学的明晰成果,其影响究属良好,但值得注意的是这种唯物主义哲学兴起之时,科学家已经用有确切定义的量'质量'代替了物质,并且指出'力'一词具有'力'或'能量'的双重含义,因此意义非常含混。而且这些德国作家,还把他们的唯物主义同感觉论和怀疑论混为一谈。历史上唯物主义的旧观点复活过来,因为同夸大的达尔文主义吻合无间,就被有些共产主义者看作是经济学和政治学的基础。"同上书,第285—286页。丹皮尔提到的毕希纳的这本书出版于1855年,比李比希提出新陈代谢要晚十多年,目前无中文译本。囿于传统对此三人庸俗唯物主义的定位,国内研究毕希纳的文献屈指可数。陈启伟的文章虽然没有引用丹皮尔,但与丹皮尔看法一致:毕希纳有历史积极作用。不仅如此,陈文还进一步区分了毕希纳与福格特的一个重要差别,认为不能将两人等量齐观为"庸俗唯物主义"。(见陈启伟:《毕希纳是"庸俗唯物主义者"吗》,载《江苏行政学院学报》,2002年第4期)

② 《马克思恩格斯全集》第26卷,人民出版社2014年版,第11页。这也为我们研究恩格斯写作《自然辩证法》的动机做了一定的提示。

③ 《马克思恩格斯全集》第26卷,人民出版社2014年版,第500页。

关系准确地表达出来，因为它只包括这种关系的一个方面，即作用，而没有包括反作用。它还会造成这样一种假象：'能'是物质以外的某种东西，是植入物质中的某种东西。但是和'力'这个词比起来，无论如何还是宁可选择'能'这个词。"① 《反杜林论》对 19 世纪自然科学三大发现的总结，物理学方面只涉及到了引力。物理学目前已知的四种力或四种基本相互作用中，马克思、恩格斯所处的 19 世纪只发现了引力和电磁力。弱相互作用和强相互作用是在恩格斯去世后逐步被认识到的。恩格斯去世一年后的 1896 年，法国物理学家贝可勒尔（Henri Becquerel）发现天然放射性，初步打开了原子结构，从而开启了人们对核的认识，1897 年英国发现电子从而发现原子结构，英国物理学家查德威克（James Chadwick）发现中子进一步开启对原子结构的认识是 1932 年的事了，对于能量与四种力或相互基本作用的关系，即能量演化出物质和力的认识则是近几十年来的事。因此，恩格斯对能量与力的关系认识既是天才的，也是笼统的。

万物生长靠太阳，新陈代谢的关键在光合作用。在有机化学提出新陈代谢概念、物理学提出能量守恒、生物学提出细胞学说后不久，1845 年德国的梅耶（Julius von Mayer）根据能量转化与守恒定律明确指出，植物在进行光合作用时，把光能转换成化学能储存起来。而物理学内部关于光与电、磁、能量的联系的认识还在深化之中。1819 年丹麦物理学家奥斯特（Hans Christian Oersted）所做的电流磁效应实验首次发现了电与磁的联系，在 1820 至 1867 年间，1826 年欧姆（Georg Simon Ohm）定律精确定义了电流、电阻、电压之间的关系，1831 年法拉第（Michael Faraday）总结了因为磁通量变化产生感应电动势的现象，提出了法拉第定律，1834 年海因里希·楞次

---

① 《马克思恩格斯全集》第 26 卷，人民出版社 2014 年版，第 600 页。

（Heinrich Lenz）总结出判断感应电流方向的楞次定律。直到 1859 年《政治经济学批判》和 1867 年《资本论》第一卷出版后，1873 年，随着麦克斯韦（James Clerk Maxwell）理论的建立，光、电、磁的统一性、光的电磁波本性才从理论上被揭示，马克思去世四年后的 1887 年德国物理学家赫兹（Heinrich Hertz）做实验证实了光的电磁场本质、能量本质，直到恩格斯去世两年后，1897 年光合作用才作为一个成熟的科学术语首次被教科书使用。

在对电磁学发展的认识中，恩格斯没有提到奥斯特的实验、安培（André-Marie Ampère）法则，虽然敏锐地注意到了法拉第，也称他为"迄今为止最伟大的电学家"①，但没有认识到法拉第与麦克斯韦理论之间的内在联系。麦克斯韦理论是物理学继牛顿（Isaac Newton）理论之后第二次伟大的综合，而恩格斯在《自然辩证法》关于电的笔记一节中对电磁学的发展做的判断却是："的确，在电学领域中，一个像道尔顿（John Dalton）那样的能给整个学科提供一个中心点并为研究工作打下稳固基础的发现，现在还有待完成。电学还处于支离破碎的状态，暂时还不能建立一种无所不包的理论。"② 考虑到这一节笔记的写作时间比较晚，已经在 1882 年之后了，对照麦克斯韦理论提出的时间，可以看到，恩格斯对电磁学的认识是有局限的，相应地，对光、光合作用、新陈代谢的理解也受到限制。

"新陈代谢"这个自然科学的新概念、新名词的诞生，不仅为自然科学所关注和引用，也引起社会科学的关注。这个新概念、新名词出现不久，法国经济学家欧仁·比雷（Antoine-Eugène Buret）就做了引用，建立了劳动与生命的关联。身居巴黎的马克思在《1844 手稿》中直接以法文的形式摘引了他的著作，中文译作："劳动就是生命，而生命如果不是每天用食物进行

---

① 《马克思恩格斯全集》第 26 卷，人民出版社 2014 年版，第 675 页。
② 《马克思恩格斯全集》第 26 卷，人民出版社 2014 年版，第 675 页。

新陈代谢，就会衰弱并很快死亡。"① 我们知道，1844 年后，马克思、恩格斯于 1848 年参加了欧洲革命，马克思重新开始经济学研究是在移居伦敦之后。从目前有关的文献看，马克思于 1850 至 1853 年读了李比希的著作，《1857—1858 手稿》里开始引用新陈代谢概念作为自己经济学的术语，而在 1867 年出版的《资本论》里，马克思引用的是 1862 年版的李比希著作②，这个版本介于 1859 年和 1867 年之间，这说明马克思非常注意自然科学关于新陈代谢认识的最新进展。对照前述 19 世纪自然科学的理论内容和时间节点，我们可以看到，从《1844 手稿》前后至 1859 年《政治经济学批判》出版这一时期，自然科学一系列带有革命性质的发现，虽然有的已经发生，有的即将发生，不同学科内部与新陈代谢有关的研究和认识还在不断深入、细化，如物理学、化学、生物学关于能量、能量守恒、热与功的认识正齐头并进，但是由于它们的目的并不是直接为了解决新陈代谢和生命现象问题，因此，关于新陈代谢现象或者说生命现象的认识还是留下了大量的空白，相应地，人的生物属性、物理属性、化学属性等基本属性以及生物物理、生物化学等综合属性也就没有得到充分的揭示。关于光的能量本质、生物学、生理学、化学对光合作用的认识并不彻底和完整，植物从而农产品的生物、化学、物理属性、新陈代谢与能量之间的关系揭示得也不充分与完整。因此，异化劳动和对象化劳动虽然提示了劳动的自然属性，可是自然科学限制了马克思沿着自然科学的路径去认识光合作用，并进而揭示劳动的新陈代谢特征。

既然如此，那么，从《1844 手稿》到 1859 年建立劳动与新陈代谢之间

---

① 《马克思恩格斯全集》第 3 卷，人民出版社 2002 年版，第 236 页。
② 《反杜林论》引用的也是这个版本，见《马克思恩格斯全集》第 26 卷（人民出版社 2014 年版），第 13 页及第 805 页的注释 10。

的关系，马克思的路径是什么呢？

第二节 社会科学源头：从《1844年经济学哲学手稿》至《政治经济学批判》里的重农学派

雨露滋润禾苗壮。马克思科学地认识新陈代谢，并把它作为术语引入到经济学中来，是通过对重农学派的批判、从社会科学的角度实现的。

早在写《1844手稿》时马克思就开始接触重农学派思想，但此时的考察角度主要是社会科学，具体而言，是从生产关系的角度去认识土地与资本两者的区别的，叙述语言也颇多哲学色彩。他说："土地只有通过劳动、耕种才对人存在。因而财富的主体本质已经移入劳动中。但是，农业同时是唯一的生产的劳动。因此，劳动还不是从它的普遍性和抽象性上被理解的，它还是同一种作为它的材料的特殊自然要素结合在一起，因而，它也还是仅仅在一种特殊的、自然规定的存在形式中被认识的。因此，劳动不过是人的一种特定的、特殊的外化。"[①] 异化劳动、对象化劳动概念中所蕴含的劳动自然属性和放大功能的内涵、关于重农学派的认识、对比雷关于新陈代谢看法的摘引，三者以分离的形态并存于《1844手稿》中，内在的联系还没有被揭示。

而到1857—1858年情况就完全不同了。此时，重农学派自然秩序的哲学思想和纯产品的经济学概念给了马克思极大的启示，加深了马克思对劳动自然属性和劳动放大功能的认识。

重农学派原本的名称是"Physiocrates"，1767年由该派成员之一杜邦·

---

① 《马克思恩格斯全集》第3卷，人民出版社2002年版，第291—292页。

德·奈穆尔（Pierre Samuel Dupont de Nemours）把希腊文"自然"和"统治"两字组合而成，首次用来命名他们的理论体系，但这个新名称当时没有通用。斯密的《国富论》依据他们"把土地生产物看作各国收入及财富的惟一来源或主要来源"的学说，称他们为"农业体系"，中文根据斯密意译为"重农学派"①。实际上，不论从名称形式还是内容，重农学派与物理学、生理学都有着不解的渊源。从名称形式看，重农学派与物理学（physics）、生理学（physiologische）有着共同的辞源 Physio，希腊文是 φυσικ，意思是"自然"。从内容看，三者的哲学方法论颇相似。这三门科学都把自然作为认识对象。重农学派把自然秩序作为自己的哲学基础，认为人类社会与物质世界一样存在着不以人们意志为转移的客观规律，即具有永恒、理想、至善特征的自然秩序。重农学派认为社会的自然秩序不同于物质世界的规律，它没有绝对的约束力，人们可以以自己的意志来接受或否定它，以建立人为的秩序。根据这样的哲学前提，重农学派提出的纯产品学说认为，物质财富是物质产品，财富来源于生产而不是流通，所以财富的生产意味着物质创造和其量的增加，"纯产品"②是农业中投入和产出的使用价值的差额。

"春种一粒粟、秋收万颗子"，农产品的种子与果实外观上看差异不大，从而性质也没有什么差异（当时显然还认识不到基因突变这样的现象），而数量差异较为明显。基于这种直观现象，重农学派概括和提炼出了"纯产品"概念。而深入地看，纯产品正是农业生产中劳动放大功能的外在表现形式。

换成系统语言来说，包括农产品等在内的植物自然生长过程就是一个自然系统，即使没有人的劳动的参与，不依赖于人的劳动，这个自然系统的输

---

① 《中国大百科全书》（经济学卷），中国大百科全书出版社 1988 年版，第 1393 页。
② 《中国大百科全书》（经济学卷），中国大百科全书出版社 1988 年版，第 1394 页。

出也是大于输入的。也就是说，作为系统输出的果实数量多于作为系统输入的种子数量，植物生长本身就有"纯产品"，这就是所谓的自然力，是没有人参与其中的纯自然的客体系统。如果作为主体的人加入其中，与植物的生长重新组成系统，那么，人的劳动就成为人与自然的两个要素的联结环节，劳动所起的作用与自然所起的作用就是一样的。以植物生长所需要的水为例。来自人的劳动如人挑的水，与来自河流、来自天上的相比，在性质和数量上没有什么不同。但是，有了人的劳动后，人的劳动虽然不能直接加入植物的生长，但却可以作为植物生长的环境因素，提供植物生长发挥作用的条件。人的劳动在这里替代并充当了自然力。随着作为劳动主体的人的加入，原本作为客体的植物自然生长系统，从一个纯粹自然的植物生长系统，扩大而成为由农业劳动的主客体组成的农业生产系统，在扩大了的系统中，人的农业劳动把农业的主客体联结起来，种子和人的劳动共同作为输入量，而果实是输出量。扩大后的农业生产系统尽管新增加了人的因素，但依然存在着农产品产出大于投入的情况，依然存在着纯产品现象，从结果倒推原因：这只能说明农业劳动作为一种自然力，本身具有放大功能。

借助于农业劳动的放大功能这个理论环节，我们可以看到植物纯产品对马克思剩余劳动思想的启发。《1857—1858 手稿》指出："只有在自然界的种子同它的产品的关系上才能明显地表现出使用价值的这种倍增，即产品超过必须用于新生产的那部分产品而有剩余——因而一部分余额可以被非生产地消费掉。从收成中只需要拿一部分作为种子重新直接播入土地；然后种子又通过自然界存在的产物，如空气、水、土壤、阳光这些要素，以及作为肥料等等加进来的各种物质，以倍增的数量把这部分作为谷物等等生产出来。一句话，人类劳动只要用在化学的物质变换上（在农业中），并且部分地还用机械手段来促进这种变换，或者用在生命本身的再生产上（畜牧业），就能获得剩余产品,也就是说,就能把同一自然实体从不适用的形式变为适用的形式。因而,真正的一般财富形态就是土地产品(谷物、牲畜、原料)的余额。"① 可以看到,马克思这里明白无误地使用"倍增"来概括植物产品的产出数量大于投入数量,用"人类劳动用在化学的物质变换上"来表明劳动的自然属性。这里的"物质变换"德文原文正是"新陈代谢"。②

不仅如此,把上述段落里中文的"物质变换"("新陈代谢")与图2所示(见本书第71页)的今天关于光合作用的认识作比较,我们可以看到,马克思不仅准确地列出了空气、阳光、土壤、水等光合作用的所有要素,把"物质变换"("新陈代谢")当作劳动者的人与劳动对象的自然的中间环节,这说明他事实上超越同时代自然科学的限制,完全把握了光合作用的内涵。虽然这里还没有把"对象化劳动"定义为新陈代谢,但把对象化劳动与"物质变换"("新陈代谢")同时作为"人—自然界"的对立结构中的中间环节,这意味着两者的地位与功能相似,预示着两者相似以致相同。

1859年正式出版的《政治经济学批判》与1867年出版的《资本论》第一卷,马克思形容它们是初篇与续篇。③ 前者的内容几乎全部是商品和货币理论、相应的学说史,虽然已经鲜明地提出了劳动与新陈代谢的关系:"劳动作为以这种或那种形式占有自然物的有目的的活动,是人类生存的自然条件,是同一切社会形式无关的、人和自然之间的物质变换的条件。"④ 这里中文的"物质变换"的德文原文即"新陈代谢",但是没有展开论述。并且这里把劳动看作是人与自然之间缺少不得的必要条件,与后来直接把劳动看成

---

① 《马克思恩格斯全集》第30卷,人民出版社1995年版,第290页。
② 感谢中央编译局网站 2015 – 08 – 21 10:23 答复我:"物质变换"所对应的德文是 Stoffwechsel,可参见《马克思恩格斯全集》1976 年历史考证版第2部分第1卷第1分册第244页第35行(MEGA II/1.1 S. 244 Z. 35)。
③ 《马克思恩格斯全集》第44卷,人民出版社2001年版,"第一版序言"第7页。
④ 《马克思恩格斯全集》第31卷,人民出版社1998年版,第429页。

人与自然之间的新陈代谢过程,是有所不同的。对比此前的《1857—1858 手稿》,以及随后的《1861—1863 手稿》和《资本论》第一卷,《1857—1858 手稿》里剩余劳动和剩余价值思想与劳动的自然属性等认识成果还没有正式公布,一些重要的经济学术语如劳动能力、劳动力还没有定型,这都表明马克思的思想还在演化当中。他这样做一方面给今天把握他的认识发展造成一定程度困难,但另一方面也提供了他的认识发展痕迹,有助于比较马克思思想演化过程的认识与定型时的认识。

既然《资本论》第一卷出版时,自然科学对能量、光、电、磁、光合作用等一系列自然现象的认识还不成熟,那么,马克思建立劳动与新陈代谢之间的关系,能不能经受住后来自然科学认识的考验?或者说,我们揭示劳动的新陈代谢特征,把人的劳动与属于物理现象的能量代谢,属于物理化学、生物现象的物质代谢联系起来,如此大的学科跨界视野,是否缺少必要而坚实的理论环节支撑?是否把今天的认识主观地强加在了马克思头上,把马克思题中未有之义赋予了他?怎样理解恩格斯曾经批评过的 19 世纪的波多林斯基(Сергей Андреевич Подолинский)?[①] 能否如生态学马克思主义第三阶段的趋势那样超越波多林斯基神话,"必须把马克思主义的自然观与马克思主义的政治经济学理论结合成一体,把社会和自然、人的生存和环境的关系问题融为一体"?[②] 怎么融?为此,有必要插入一段 20 世纪自然科学及系统科学关于新陈代谢的认识,一方面,有助于相对完整地理解和把握《1861—1863 手稿》《资本论》第一卷马克思关于劳动与新陈代谢关系的认识演化,

---

① 恩格斯:《1882 年 12 月 19 日致马克思的信》,见《马克思恩格斯全集》第 35 卷,人民出版社 1971 年版,第 127—129 页。

② 何萍:《生态学马克思主义的理论困境与出路》,载《国外社会科学》,2010 年第 1 期。

另一方面，有助于理解这方面的有关研究，如 1995 年孟氧教授的研究①，2006 年美国学者伯克特、福斯特的研究②。

第三节 20 世纪有关的物理学和自组织系统学认识

在马克思恩格斯时代自然科学关于新陈代谢的认识基础上，20 世纪的认识有了哪些新的进展？

一、新陈代谢：20 世纪上半叶薛定谔等量子力学创始人的认识

继相对论之后，20 世纪物理学发生了另一大革命量子力学。随着 1913 年玻尔对原子结构的革命性发现，使得关心原子与人的生命关系的物理学家完全可能向生物学跨界。对于出身于哥本哈根大学生理学教授克里斯丁·玻尔之家的尼耳斯·玻尔（Niels Bohr）、对于受植物学家父亲影响的薛定谔（Erwin Schrödinger）而言，这个方向甚至势所必然。薛定谔在《自传》中说："他（指其父）开始了对植物学的兴趣，而我也如饥似渴地读完了《物

---

① 孟氧：《经济科学与量子力学》，载《中国人民大学学报》，1995 年第 5 期。孟氧教授基于 20 世纪物理学的两大革命和 70 年代现代系统科学第二阶段自组织系统理论的大背景，尝试将经济科学与量子力学结合探讨，并且提出了经济学的社会场论，特别难能可贵的是他在量子力学与经济学中引入生物学的中间环节，并且用普里高津的研究做了提示。

② [美] 保罗·伯克特、J. B. 福斯特《马克思政治经济学批判中的新陈代谢、能量和熵：超越波多林斯基神话》，"Metabolism, energy, and entropy in Marx's critique of political economy: Beyond the Podolinsky myth", *Theory and Society*, Volume 35, Number 1, February 2006, pp. 109—156 (48)。文章批评一种误解，这种误解认为马克思和恩格斯排斥能量学创始人之一、乌克兰社会主义者谢尔盖·波多林斯基的开拓性贡献。

种起源》……我很快成为达尔文理论的热情的追随者（至今仍是）。"① 1944年，薛定谔以"一个朴素的物理学家关于有机体的观点"探讨了生命是什么："生命有机体是怎样避免衰退到平衡的呢？显然这是靠吃、喝、呼吸以及（植物的）同化。专门的术语叫'新陈代谢'。这词来源于希腊字 μεταβάλλειν（注：原文如此），意思是变化或交换。交换什么呢？最初，无疑是指物质的交换（例如，新陈代谢这个词在德文里就是指物质的交换）。"② 而"有机体的活动需要精确的物理学定律……只有在无数原子的合作中，统计学定律才开始影响和控制这些集合体（系统）的行为，它的精确性随着系统包含的原子数目的增加而增加"③。这里已经明确提出了超越单个原子来考察无数原子整体即系统的思想，受薛定谔的启发和影响，克里克（Francis Crick）从物理学改行与生物学博士沃森（James Watson）合作，提出 DNA 双螺旋结构，开启了分子生物学时代。

但是如此大范围内的跨界认识依然存在着基本的矛盾，就是斯诺所说的两种文化即自然科学与人文社会科学的矛盾，两者之间还存在着理论鸿沟。

事实上，在斯诺之前自然科学界内部已经意识到这个问题了。卡尔纳普（Paul Carnap）说："爱因斯坦（Albert Einstein）有一次说过，'现在'的问题使他十分烦恼。他解释道，'现在'的经验意味着某种对人来说是特殊的东西，某种在实质上不同于过去和未来的东西，但是这个重要的差别没有也不可能发生在物理学中。这个经验不能被科学所抓住，这对他来说是一件痛苦而又无法避免的憾事。我认为，一切客观上发生的东西都能在科学中得到描述；一方面，物理学中描述了事件的时间序列；另一方面，人类对于时间

---

① 薛定谔：《生命是什么》，李泳译，湖南科技出版社2007年版，第175页。
② 薛定谔：《生命是什么》，李泳译，湖南科技出版社2007年版，第69页。
③ 薛定谔：《生命是什么》，李泳译，湖南科技出版社2007年版，第7、8页。

的经验的特殊性,包括人类对待过去、现在和未来的不同态度,可以在心理学中得到描述和(原则上的)解释。但爱因斯坦却想,这些科学的描述不可能满足人类的需要;有某些关于'现在'的本质东西刚好是在科学王国之外。"① 不论是牛顿力学还是相对论和量子力学,它们的运动方程对时间反演都是不变的,所描述的世界模式关于时间是对称的,而热力学与生物学所描述的世界模式里时间是有方向的,即时间之矢,世界的过去、现在和未来是不一样的,世界是演化的。两种世界模式存在的矛盾即时间无方向性和有方向性、时间对称性与非对称性、过程可逆与不可逆之间的矛盾,具体地分成两个:一个是物理学内部经典力学与热力学之间的矛盾,被形象地称为牛顿与克劳修斯(Rudolf Clausius)之间的矛盾,普里高津(Ilya Prigogine)称为引力与热之间的竞争。统计物理热力学所描述的演化,是朝着均匀、单一、简单方向的演化,由对称性较少的状态向对称性较多的状态演化,世界最终达到平衡态,走向死亡,即恩格斯也曾提到的热寂状态。另一个是物理学与生物学之间,被形象地称为克劳修斯与达尔文之间的矛盾。生物学描述的世界模式演化是最终产生会思维的人类本身。②

那么这两个矛盾是如何解决的呢?

二、新陈代谢:20 世纪中后叶自组织系统学奠定的基础

普里高津把上述矛盾也称为有时间性的主体与一个从内部看是无时间的客体世界之间的对立。以他为代表的布鲁塞尔学派,经过近 20 年的努力,于

---

① 转引自[比]普里高津:《从混沌到有序》,曾庆宏、沈小峰译,上海译文出版社 1987 年版,第 262 页。
② 魏宏森、宋永华等编著:《开创复杂性研究的新学科——系统科学纵览》,四川教育出版社 1991 年版,第 208—213 页。

1969 年提出了耗散结构论。这个理论认为，复杂系统在开放和远离平衡态的条件下，在与外界环境交换物质和能量过程中，通过能量耗散过程和内部的非线性动态学机制，形成和维持了一种宏观时空有序结构，这就是耗散结构。非平衡非线性系统，即自组织系统，耗散结构论开启了自组织系统理论，跨越无机界内部，也跨越无机界与有机界，用非平衡非线性的自组织系统建立起物理现象与生物现象之间的联系，两个基本矛盾得到初步的解决。而超循环论较好地解决了非生命的耗散结构系统向生命过渡的自组织问题，加上此前 20 世纪 30 年代苏联生物化学家奥巴林（Александр Иванович Опарин）为代表的化学进化论，解决了从无机分子到有机分子的化学进化问题，也就是原始生命的起源问题。[①] 至此，能量、亚原子的基本粒子、单个的原子、分子、基因、蛋白质，从无机物到有机界的最高产物——人的全部自然过程，大的理论环节得到了最为完整的提示。

三、生物的新陈代谢：多层次耗散结构复合而成的开放系统

随着自组织系统理论的发展，生命现象与新陈代谢的本质联系得以揭示。不论是属于物理系统的热力学系统还是生物系统，都是耗散结构，只是层次不同。生命是经过长期演化，由低到高多层次耗散结构复合而成的系统，具有开放性特征，为了维持自身的存在，生物需要与环境不断地交换能量，这个过程就是生物的新陈代谢。恩格斯在《反杜林论》中所说的"本身即使没有生命也可以发生"的新陈代谢，以及"用来解释生命的那种独特的

---

① 魏宏森、宋永华等编著：《开创复杂性研究的新学科——系统科学纵览》，四川教育出版社 1991 年版，第 355 页。

新陈代谢本身又需要用生命来解释"①。这样一种循环论证或同义反复的现象不存在了，新陈代谢的内涵已经大大丰富和扩展了。

在新陈代谢中，植物、藻类和某些细菌，在可见光的照射下，利用光合色素，将二氧化碳（或硫化氢）和水等无机物转化为复杂的有机物，并释放出氧气（或氢气），储存能量，来维持自身生命活动的进行，成为能直接从外界环境摄取无机物的自养型新陈代谢，而人和动物等异养型新陈代谢，依靠摄取外界环境中现成的有机物来维持自身的生命活动，作为所有生命活动的能量来源的太阳能②，通过植物的光合作用进入生态系统，从绿色植物转移到各种消费者，形成了单向流动和逐级递减的生态系统能量流动，这就是植物的光合作用。光合作用于是成了地球上最重要的化学作用。

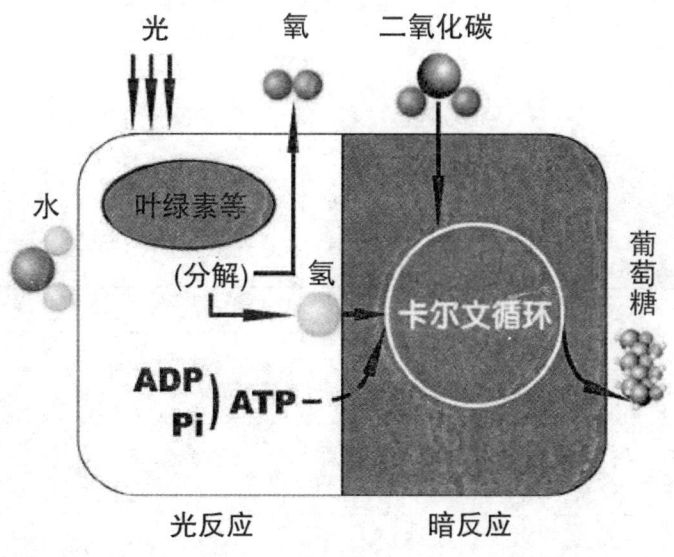

图 2

---

① 《马克思恩格斯全集》第 26 卷，人民出版社 2014 年版，第 86 页。
② 严格地讲，目前要把人类使用核能的情形包括进来。

作为生物的人自然也不例外，也是物理意义上的热力学系统与较高层次的生物系统组成的复合系统。人不论处于什么样的状态，即使像植物人那样没有了自主活动，但只要活着，都是处在环境中的开放系统。例如人体每时每刻都以电磁波为主的辐射形式向环境排放体热，也就是释放能量。今天，人类关于自身的新陈代谢已经有了很多实际应用。例如，用基础代谢率作为标准，来衡量人处在清醒而又非常安静，不受肌肉活动、环境温度、食物及精神紧张等因素影响时的基础状态，具体数量值定义为单位时间内即每小时每平方米体表所散发的热量千焦数。同一性别、体重和年龄组的正常人中基础代谢率很接近。能量代谢率、相对代谢率还被用来评价劳动强度指标。人的能量代谢量＝安静代谢量＋作业代谢量，经过简单的变换，定义相对代谢率（RMR）＝（能量代谢量－安静代谢量）／基础代谢量[1]。

---

[1] 例如，以下表格是1956年日本对劳动强度的分级。数据来源：于永中《体力劳动强度的分级》，载《铁道劳动安全卫生与环保》，1996年第4期。其中，后两列"作业特点"和"工种示例"参照百度文库做了补充。

劳动强度分级	RMR	作业特点	工种示例
极轻劳动	0-0.1	手指作业，精神作业；坐位姿势多变，立位重心不移动；疲劳属于精神或姿势方面	电话交换员、修理仪表、制图
轻劳动	1.0-2.0	手指作业为主的上肢作业；以一定速度长时间连续作业；局部产生疲劳	司机、修理器具、打字员
中劳动	2.0-4.0	几乎立位，身体水平移动；上肢作业用力；可持续几小时	油漆工、车工、木工、电焊工
重劳动	4.0-7.0	全身作业为主，全身用力；全身疲劳，10-20分钟想休息	冶炼工、炼钢、土建工
极重劳动	7.0以上	短时间全身用强力快速作业；呼吸困难，2-5分钟想休息	伐木工、大锤工

第四节　劳动二重性与新陈代谢二重性

在德文里，劳动（Arbeit）与功（Arbeit）是一个词，之所以如此，恩格斯认为是经济学的劳动概念和思想启发了物理学的功概念和思想。1878年，他在《资本论》出版后从事自然辩证法研究时作了提示："人通过劳动（Arbeit）而分化出来。——经济学应用于自然科学。亥姆霍兹的'功'['Arbeit']（《通俗科学讲演集》第2册）。"① 19世纪下半叶到20世纪，物理学与经济学经历了相对独立的发展轨迹，随着包括现代系统科学在内的自然科学的发展，学界对人体活动的新陈代谢及其效率的认识相当成熟。劳动的新陈代谢表明了劳动的自然属性，而相对代谢率成为剩余劳动和剩余价值的自然基础，以这样的视野反观《1857—1858手稿》《1861—1863手稿》1867年的《资本论》，我们就能更加透彻、相对完整而清晰地把握和理解马克思关于劳动与新陈代谢关系的认识演化过程及有关论述。

一、劳动新陈代谢特征：剩余劳动思想在重农学派和斯密经济学批判中的演进

在《1857—1858手稿》中，马克思首次提出剩余劳动概念与重农学派是"现代经济学的鼻祖"，两者仅仅隔了两页。② 这多少可以看出马克思的思想轨迹。1859年的《政治经济学批判》的结构大体是两部分：第一部分是需要

---

① 《马克思恩格斯全集》第26卷，人民出版社2014年版，第458页。
② 《马克思恩格斯全集》第30卷，人民出版社1995年版，第289页。

正面阐述的内容即理论部分,第二部分是理论史即经济思想史或学说史。《1861—1863手稿》延续了这个特点。而1867年的《资本论》结构发生了变化,经济思想史或学说史的内容放在了脚注里。对此,恩格斯曾指出:"在大多数场合,也和往常一样,引文是用作证实文中提出的论断的文献上的证据。但在不少场合,引证经济学著作家的文句是为了表明:什么时候、什么地方、什么人第一次明确地提出某一观点。只要引用的论点具有重要意义,能够多少恰当地表现某一时期占统治地位的社会产生和交换的条件,马克思就加以引证,而不管这种论点是否为马克思所承认,或者,是否具有普遍意义。"① 因此,从思想史的角度出发,而不是直接从《资本论》里关于劳动定义出发,或许会更容易理解重农学派是如何启发马克思剩余劳动和剩余价值思想的。

《1861—1863手稿》第二部分《剩余价值理论》主要由笔记构成。"(a)"节的内容相当简短,是关于英国经济学家詹姆斯·斯图亚特(James Steuart)的笔记,"(b)"节的内容是关于重农学派的笔记,"(c)"节的内容是关于亚当·斯密的笔记。马克思还特意说明了出版时间:"斯图亚特的书,1767年(伦敦版),杜尔哥(Anne Robert Jacques Turgot)的书,1766年,亚当·斯密的书,1775年。"② 这些笔记虽然是手稿,但编排并不随意,是历史与逻辑相统一思想的贯彻。继《1857—1858手稿》之后,马克思再次重申重农学派是现代政治经济学的鼻祖:"对于他们来说,生产的资产阶级形式必然表现为生产的自然形式。重农学派的巨大功绩是,他们把这些形式看成社会的生理形式,即从生产本身的自然必然性产生的,不以意志、政策等等为转移的形式。这是物质规律。"③ 把重农学派放在亚当·斯密之前的逻

---

① 《马克思恩格斯全集》第44卷,人民出版社2001年版,第33页。
② 《马克思恩格斯全集》第33卷,人民出版社2004年版,第14页。对亚当·斯密的书的出版时间,中文版注释10纠正为1776年(第433页)。
③ 《马克思恩格斯全集》第33卷,人民出版社2004年版,第15页。

辑原因,在于"重农学派把关于剩余价值起源的研究从流通领域转到直接生产本身的领域,这样就为分析资本主义生产奠定了基础"①。对于重农学派中蕴含的剩余劳动思想,马克思不仅从二重性的新视角来把握:"在农业中,过程在生产出的使用价值超过劳动者消费的使用价值的余额上直接表现出来,因此,不分析价值本身,不弄清价值的性质,也能够理解这个过程"②,而且还用"自然生产率""自然生产力"概念来把握:"重农学派只抓住这样一点:土地的生产率使劳动者能够在一个工作日(假定为已知量)生产出多于他维持生活所必需消费的东西。这样一来,这个剩余价值就表现为自然的赐予,在自然的协助下,一定量的有机物(植物种子、畜群)使劳动能够把更多的无机物变为有机物。"③"这个生产率,这个作为出发前提的生产率阶段,必定首先存在于农业劳动中,因而表现为自然的赐予,自然的生产力。"④ 对剩余劳动同时也表现为剩余价值形式,马克思指出:"劳动能力的价值和这个劳动能力的价值增殖之间的差额,也就是劳动能力使用者由于购买劳动能力而取得的剩余价值,无论在哪个生产部门都不如在农业这个最初的生产部门表现得这样显而易见,这样无可争辩。劳动者逐年消费的生活资料总量,或者说他消费的物质总量,小于他所生产的生活资料总量。"⑤

不仅如此,马克思在比较与批判重农学派与亚当·斯密经济学时,把对农业生产劳动自然属性和剩余劳动的认识迁移到了工业生产劳动,超越了农业生产劳动、工业生产劳动等特殊劳动,一般性地认识到了劳动的自然属性和放大功能,马克思在用亚当·斯密的思想去批评重农学派时指出:"在重

---

① 《马克思恩格斯全集》第33卷,人民出版社2004年版,第16页。
② 《马克思恩格斯全集》第33卷,人民出版社2004年版,第19页。
③ 《马克思恩格斯全集》第33卷,人民出版社2004年版,第24页。
④ 《马克思恩格斯全集》第33卷,人民出版社2004年版,第22页。
⑤ 《马克思恩格斯全集》第33卷,人民出版社2004年版,第19页。

农学派看来，农业劳动是唯一的生产劳动，因为这是唯一创造剩余价值的劳动"①，而看不到工业生产也是生产性的劳动，"他们认为，在制造业中，工人并不增加物质的量：他只改变物质的形式。材料——物质总量——是农业供给他的"②。而"在斯密那里，劳动一般是价值的源泉，也是财富的源泉"③，工业劳动同样具有自然属性，同样具有放大功能，工业劳动中生产产出的数量同样可以大于生产投入的数量，也可以存在剩余劳动。重农学派之所以看不到这一点，是因为"在制造业中，一般既不能看到工人直接生产自己的生活资料，也不能看到他直接生产超过这个生活资料的余额。过程以买卖为中介，以各种流通行为为中介"④，"重农学派的功绩和特征在于，它不是从流通中而是从生产中引出价值和剩余价值……这个生产部门一般可以同流通、交换脱离开来单独考察，并且是不以人和人之间的交换为前提，而只以人和自然之间的交换为前提的"⑤。

从以上可以看到，马克思是如何从重农学派的纯产品概念、劳动者生产的生活资料总量减去消费的生活资料总量的余额、《1857—1858 手稿》中农产品的"倍增"概念，直接地、逻辑地导向了剩余产品概念，进而产生了剩余劳动概念，并与价值概念结合引导出价值二重性、剩余价值思想。马克思既揭示了劳动的自然属性，也揭示了劳动的结构关系。而人体活动相对代谢率的存在正是劳动的结构关系的自然基础或生理基础。一系列不同层次的结构由此陆续展开。首先是劳动主体与主体活动的结构关系，由此产生并结晶出劳动力与劳动的经济学概念，其次，展开为一部分的必要劳动和另一部分

---

① 《马克思恩格斯全集》第 33 卷，人民出版社 2004 年版，第 19 页。
② 《马克思恩格斯全集》第 33 卷，人民出版社 2004 年版，第 20 页。
③ 《马克思恩格斯全集》第 30 卷，人民出版社 1995 年版，第 291 页。
④ 《马克思恩格斯全集》第 33 卷，人民出版社 2004 年版，第 19 页。
⑤ 《马克思恩格斯全集》第 33 卷，人民出版社 2004 年版，第 23 页。

的剩余劳动结构关系。再次,在实际劳动过程中,展开和具体化为劳动的时间结构,也就是必要劳动时间与剩余劳动时间的区别与结构。第四,当人的劳动全部用于物质性生产时,对同一性质的劳动,必要劳动与剩余劳动的区别与结构不断结晶和体现为劳动产品数量的区别与结构,必要产品与剩余产品的结构关系。

当马克思把劳动结构扩大到不同种类、不同性质的劳动即社会范围内的社会分工时,从剩余劳动和剩余价值思想生发出劳动生产率思想。他指出:农业劳动的生产率是所有产业部门的基础。"一切剩余价值,不仅相对剩余价值,而且绝对剩余价值,都是以一定的劳动生产率为基础的。如果劳动生产率只达到这样的发展程度:一个人的劳动时间只够维持他本人的生活,只够生产和再生产他本人的生活资料,那就没有任何剩余劳动和任何剩余价值,就根本没有劳动能力的价值和这个劳动能力的价值增殖之间的差额了。因此,剩余劳动和剩余价值的可能性要以一定的劳动生产力为起点"[1],"农业劳动不仅对于农业领域本身的剩余劳动来说是自然基础,而且对于其他一切劳动部门的独立化,从而对于这些部门中创造的剩余价值来说,也是自然基础"[2];"只有当人类通过劳动摆脱了最初的动物状态,从而他们的劳动本身已经在一定程度上社会化的时候,一个人的剩余劳动成为另一个人的生存条件的关系才会出现"[3]。在《资本论》第三卷"地租篇"开篇论述农业劳动与工业劳动的关系时,马克思再次强调了农业剩余劳动的意义:"一般剩余劳动的自然基础,即剩余劳动必不可少的自然条件是:只需花费整个工作日的一部分劳动时间,自然就以土地的植物性产品或动物性产品的形式或以

---

[1] 《马克思恩格斯全集》第33卷,人民出版社2004年版,第22页。
[2] 《马克思恩格斯全集》第33卷,人民出版社2004年版,第22页。
[3] 《马克思恩格斯全集》第44卷,人民出版社2001年版,第585页。

渔业产品等形式，提供出必要的生活资料。农业劳动（这里包括单纯采集、狩猎、捕鱼、畜牧等劳动）的这种自然生产率，是一切剩余劳动的基础；而一切劳动首先并且最初是以占有和生产食物为目的的"①，"一个工人的劳动分为必要劳动和剩余劳动，工人阶级的全部劳动同样可以这样划分：为工人阶级生产全部生活资料（包括为此所需的生产资料）的那部分，完成整个社会的必要劳动；工人阶级所有其余部分所完成的劳动，可以看作剩余劳动。但是，必要劳动绝不是只包括农业劳动，而且也包括生产其他一切必然进入工人平均消费的产品的劳动。并且，从社会的观点来看，一些人只从事必要劳动，是因为另一些人只从事剩余劳动，反之亦然。这只是他们之间的分工。"②

不过，需要说明的是，《剩余价值理论》与《资本论》里的劳动生产率含义既有联系也有差别。

两者的区别在于：前者的背景是重农学派，这里的劳动生产率是与农业的自然生产率相对的，这里的"劳动"是相对于"自然"来说的。农业的自然生产率是指农业产品自然生长过程中产出数量大于投入数量，农业的劳动生产率则是指加入了人的劳动后，农产品产出数量大于投入量。而《资本论》里所说的劳动生产率已经扩大到了工业劳动甚至一切劳动，是指单位时间或者单位劳动量的产品产出量，是产品数量对必要劳动与剩余劳动之和的全部劳动时间之比。

而两者又有着密切联系。马克思指出："作为资本关系的基础和起点的现有的劳动生产率，不是自然的恩惠，而是几十万年历史的恩惠。"③ 这里所谓的几十万年是一个大概的数字，但显然不是指人类进化的历史。因为马克思

---

① 《马克思恩格斯全集》第46卷，人民出版社2003年版，第713页。
② 《马克思恩格斯全集》第46卷，人民出版社2003年版，第713页。
③ 《马克思恩格斯全集》第44卷，人民出版社2001年版，第586页。

已经知道人类历史并不只有几十万年,而是指与农业或畜牧业、采摘业等工业化前史的剩余劳动积累有关的历史。用新陈代谢来理解这段话,意思大体应是:16—17世纪资本诞生时的劳动生产率,是人体活动的相对代谢率的积累,具体地说,是几十万年来一代代人体活动的相对代谢率即劳动放大功能积累、一代代人剩余劳动积累的结果。作为单体来讲,今人与古人两者活动的相对代谢率相差不多,就是说,在同样多的时间、同样的劳动强度下,付出的劳动量可以是相同的,但今人与古人的劳动生产率就不一样了。付出同样多的劳动量、付出同样多的体能,今人与几十万年前的古人所产生的产品数量不同,今人的比古人的分布在数量更多的产品上。这就是劳动生产率的提高。

二、具体劳动与使用价值:人与自然之间的新陈代谢

(一)内涵

与《政治经济学批判》对于劳动的定义略有不同,《资本论》第一卷对简单商品条件下的劳动作了定义:"劳动作为使用价值的创造者,作为有用劳动,是不以一切社会形式为转移的人类生存条件,是人和自然之间的物质变换即人类生活得以实现的永恒的自然必然性。"[①] 不同点在于这里更进了一步,直接把劳动看作人和自然之间的新陈代谢,看作过程,而不只是看作条件。在劳动定义后紧接着阐明:"人在生产中只能像自然本身那样发生作用,就是说,只能改变物质的形式。不仅如此,他在这种改变形态的劳动本身中还要经常依靠自然力的帮助。"[②] 为此,他还在"只能改变物质的形式"后加了这样的注解:"彼得罗·韦里《政治经济学研究》里说'宇宙的一切现

[①] 《马克思恩格斯全集》第44卷,人民出版社2001年版,第56页。
[②] 《马克思恩格斯全集》第44卷,人民出版社2001年版,第56页。

象,不论是由人手创造的,还是由自然的一般规律引起的,都不是真正的新创造,而只是物质的形态变化。结合和分离是人的智慧在分析再生产的观念时一再发现的唯一要素;价值(指使用价值,尽管韦里在这里同重农学派论战时自己也不清楚说的是哪一种价值)和财富的再生产,如土地、空气和水在田地上变成小麦,或者昆虫的分泌物经过人的手变成丝绸,或者一些金属片被装配成钟表,也是这样。'"① 而此注解正来自《剩余价值理论》"重农学派"笔记结尾的部分。② 这里也再次强调了土地、空气和水能变成小麦,也就强调了农作物的生长系统。

在论述了劳动力成为商品之后,马克思对资本主义条件下的劳动是这样定义的:"劳动首先是人和自然之间的过程,是人以自身的活动来中介、调整和控制人和自然之间的物质变换的过程。"③ 上段和此处提到的"物质变换"德文都是 der Stoffwechsel④,即新陈代谢。

马克思还更加明确地说:"人本身单纯作为劳动力的存在来看,也是自然对象,是物,不过是活的有意识的物,而劳动本身则是这种力在物上的表现。"⑤ 因此,从自然属性看,劳动力概念与"能做功的人",其实可以看作是马克思经济学与自然科学两个不同学科等价的说法。劳动力具有静态性,劳动则具有动态性。作为自然属性的劳动只能是活的,是"现在时""进行时"。马克思说:"人自身作为一种自然力与自然物质相对立。为了在对自身生活有用的形式上占有自然物质,人就使他身上的自然力——臂和腿、头和手运动起来,当他通过这种运动作用于他身外的自然并改变自然时,也就同

---

① 《马克思恩格斯全集》第44卷,人民出版社2001年版,第56页。
② 《马克思恩格斯全集》第33卷,人民出版社2004年版,第43页。
③ 《马克思恩格斯全集》第44卷,人民出版社2001年版,第208页。
④ http://www.mlwerke.de/me/me23/me23_049.htm#Kap_1_1.
⑤ 《马克思恩格斯全集》第44卷,人民出版社2001年版,第235页。

时改变他自身的自然。"① 而对象化劳动都是死的，是"过去时"，如被人的劳动挪了位置的石头，是人做了功后的物。因此，劳动的二重性并不是劳动的二次性，也不是两种劳动，而是从两个方面看同一劳动过程。

如果暂时不谈劳动的目的性，所谓劳动是人与自然之间的新陈代谢，就是人为了维持生存和发展需要而进行的活动代谢，是不同于体育运动等等那样一类活动的活动代谢。作为能量代谢，是劳动力的人自身的能量释放和转换的过程，人类的劳动是人输出体能作用于劳动对象，是从事具体劳动的人把储存在身体内的生物能转化成劳动对象形态的变化，而劳动对象既可以有具体的物质形态，也可以没有具体的物质形态，而仅仅是付出体能。人即使不劳动、不活动，也会绝对地丧失能量，人必须在体能尚在时通过一个外在的物来转换，人的体能才能固定下来，不会消失。从具体劳动这重性来说，人的劳动把人自身与劳动对象联结起来，是作为耗散结构复合系统的人对劳动对象做功，是人输出体能作用于劳动对象，是高度进化的自然与原始自然之间的相互作用。被人释放和转换体能所改变了形态的劳动对象，既可以是物质性的，也可以是非物质性的。举例来说，一个人把石头从山脚搬上山顶，从物理学角度看，人的劳动改变了石头的空间位置，石头在山顶上相对山脚而言具有了势能，石头获得的势能正是这个人劳动过程损失的体能。劳动过程结束时，能量从人身上转移到了物身上，从一种形式转移到另一种形式。从物的方面看，是物得到了能量，发生了物理、化学、生物等自然形态的变化。从人的方面看，人耗费了体能，变得饥饿，体能下降。能量从一种形式转移到另一种形式。从劳动对象方面看，劳动对象改变了自己的生物、物理和化学状态，发生了变化，得到了能量。不同社会形态的区别正在于用

---

① 《马克思恩格斯全集》第44卷，人民出版社2001年版，第208页。

什么工具去接触劳动对象,用什么工具作为中介把自己的体能传递给劳动对象,从而改变它的物理化学形态。

(二)译法:"物质变换"还是"新陈代谢"?

有以上内涵支持,术语的探讨就水到渠成了。与新陈代谢有关的功、力、能量等术语涉及当时的英国和德国两国物理学的发展,而《资本论》英译本是经过恩格斯亲自校订过的,为便于理解德文原文,中、德、英有关概念列表如下:

	物理	资本论	物理	物理		资本论
中文	功	劳动	动力	能量	劳动能力	劳动力
德文	Arbeit	Arbeit	Kraft	Energie	Arbeitsvermögen	Arbeitskraft
英文	work	labour	power	energy	capacity for labour	labour－power

由于《1857—1858手稿》暂时不涉及劳动力成为商品的问题,因此,劳动能力与劳动力是混用的,《资本论》第一卷出版时马克思没有创造"劳动能"(Arbeitsenergie)一词作为术语,相应地,英文也就不会有 labour－energy,定型的术语是劳动力(Arbeitskraft)。中文与英文保持一致,劳动与物理学的功区分成了两个词。恩格斯认为英文的这种区分比德文好。《资本论》第一卷论述"一切劳动,一方面是人类劳动力在生理学意义上的耗费;就相同的或抽象的人类劳动这个属性来说,它形成商品。一切劳动,另一方面是人类劳动力在特殊的有一定的目的的形式上的耗费;就具体的有用的劳动这个属性来说,它生产使用价值。"[1] 恩格斯在第4版注:"英文有一个优点,它有两个不同的词来表达劳动的这两个不同的方面。创造使用价值的并且在质上得到规定的劳动叫 work,以与 labour 相对;创造价值的并且只在量上被

---

[1] 《马克思恩格斯全集》第44卷,人民出版社2001年版,第60页。

计算的劳动叫作 labour，以与 work 相对。"① 他加的这个注取自《自然辩证法》"关于运动的量度——功"这节内容结束时的注。这个注的头一句："功[Arbeit]（这个词及其相应的观念来自英国工程师）"②，"功。——这个范畴被力学的热理论从经济学搬到了物理学（因为在生理学上对它还远没有作出科学的规定）"③，进一步说明了经济学"劳动"与物理学功的关系。这节内容写于 1880 年。恩格斯为第 4 版所作的序言时间在 1890 年，而在此前的《资本论》第 2 卷序言中，"劳动作为创造价值的活动，不能有特殊的价值，正像重不能有特殊的重量，热不能有特殊的温度，电不能有特殊的电流强度一样。作为商品买卖的，不是劳动，而是劳动力"④。德文特意用斜体字强调了"力"⑤。这说明恩格斯把自己关于自然科学的最新认识成果用以补充说明《资本论》的有关内容。

马克思去世后，1887 年《资本论》第 1 卷英译本出版，德文的新陈代谢（Stoffwechsel），英文译作"the material reactions between himself and Nature"，意思是人与自然之间物质相互作用。那么，为什么英译本没有用现在通行的新陈代谢"metabolism"？这可能与德国和英国的科学发展进度有关。据《牛津英语词典》的解释，1872 年英国学者霍利斯（W. A. Hollis）使用了"metabolism"，但意思不够完整，仅指组织代谢，1878 年，弗斯特（M. Foster）才在相当完整的意义上使用了"metabolism"。⑥ 恩格斯此时主要引用的是德国化学家李比希的著作，可能没有注意到英国学者的研究。而其他关于新陈代谢的研究都晚于《资本论》英译本出版的时间了，恩格斯已不

---

① 《马克思恩格斯全集》第 44 卷，人民出版社 2001 年版，第 61 页。
② 《马克思恩格斯全集》第 26 卷，人民出版社 2014 年版，第 632 页。
③ 《马克思恩格斯全集》第 26 卷，人民出版社 2014 年版，第 756 页。
④ 《马克思恩格斯全集》第 45 卷，人民出版社 2003 年版，第 24 页。
⑤ http://www.mlwerke.de/me/me24/me24_007.htm.
⑥ http://www.oed.com/view/Entry/117160redirectedFrom = metabolism#eid.

可能再引用了。

三、抽象劳动与价值：商品交换条件下社会系统内部人与人之间的新陈代谢

如果政治经济学仅仅从具体劳动或使用价值方面展开，没有商品中劳动二重性的理论，那么，充其量也就是改头换面的自然科学。马克思说："交换过程使商品从把它们当作非使用价值的人手里转到把它们当作使用价值的人手里，就这一点说，这个过程是一种社会的物质变换……在这里，我们感兴趣的只是商品交换领域。因此，我们只是从形式方面考察全部过程，就是说，只考察对社会的物质变换起中介作用的商品形式变换或商品形态变化。"① 简言之，交换过程就是社会的物质变换。这里"物质变换"的德文是 Stoffwechsel，即新陈代谢。英文版译作 social circulation of matter，意思是"社会的物质循环"或"物质的社会循环"。如果说物质变换就是新陈代谢，那么，社会的物质变换就是社会的新陈代谢。抽象劳动就是社会内部人与人之间的新陈代谢。

这里可以借用分工的例子来说明社会的新陈代谢。以前面说的为例。获得了势能的石头正是甲的对象化劳动，是甲的劳动存在化了的结果，甲即使不在世了，另外一个人乙将石头推下山，砸死山脚下的野兽，乙用野兽果腹，野兽作为食物给予乙的能量可以远远高于乙所付出的体能，乙在这里就利用了甲的对象化劳动，也就是过去的劳动、死劳动。甲的劳动成果并没有消失，换句话说，甲劳动中新陈代谢付出的能量没有消失，而乙只需要稍微付出点体能，就可以利用甲的劳动。甲与乙在这里形成分工与协作关系，但

---

① 《马克思恩格斯全集》第 44 卷，人民出版社 2001 年版，第 125 页。

没有交换,因此,不会出现价值概念。

而交换所表达的,是一个人与自然的新陈代谢同另一个人与自然的新陈代谢相交换,是两方彼此互换各自的对象化劳动。因此,马克思说:"在商品体的价值对象性中连一个自然物质原子也没有。"①

即使在资本主义高度发达的商品经济条件下,社会的新陈代谢也可以不表现为交换,而表现为分工与协作,例如家庭里或者一个生产车间内部的分工。马克思在论述工场手工业内部的分工和社会内部的分工起源时说:"不同的共同体(指家庭、氏族等)在各自的自然环境中,找到不同的生产资料和不同的生活资料。因此,它们的生产方式、生活方式和产品,也就各不相同。这种自然的差别,在共同体互相接触时引起了产品的互相交换,从而使这些产品逐渐转化为商品。"② 可见,作为人与自然之间新陈代谢的结果,劳动产品既然并非天生就是商品,那么,社会的新陈代谢也并非天生就表现为交换形式,并进而产生价值形式。而一旦出现了价值形式,剩余劳动也就有了变形为剩余价值形式的可能,也就有了一个人可以利用剩余价值形式榨取一个人的剩余劳动的可能,就是说,一个人可以白白地占有另一个人的劳动,或者说,一个人可以白白地占有另一个人的体能。

综上所述,马克思关于劳动的定义从术语到内涵都化用了自然科学的新陈代谢概念,对之进行了一定的改造,是对当时化学、生物学、物理学先进认识成果的吸收。劳动二重性是劳动自然属性和社会属性合二为一的整体,具体劳动是人调整和控制自己与自然之间的新陈代谢,是生物学、生理学意义的人、社会系统与自然环境之间的物质和能量代谢,具有自然属性,因此,是自然科学所能研究与把握的。而抽象劳动是人与人之间的新陈代谢,

---

① 《马克思恩格斯全集》第44卷,人民出版社2001年版,第61页。
② 《马克思恩格斯全集》第44卷,人民出版社2001年版,第407页。

具有超自然属性,具有社会属性,它是社会系统内部的要素与要素即人与人之间的新陈代谢。劳动二重性也就是新陈代谢二重性。

第五节 马克思经济学特征:科学性与人文性的会通

恩格斯《在马克思墓前的讲话》中把马克思的发现高度概括为两个,一个是唯物史观,另一个是剩余价值规律。他把"马克思发现了人类历史的发展规律"比喻为"就象达尔文发现了有机界的自然规律一样"。1859年《政治经济学批判》出版,虽然没有公布关于剩余价值规律的内容,但此前的《1857—1858手稿》价值二重性理论和剩余价值理论事实上已经奠基,同年12月《物种起源》出版。那么,前后相差仅半年在柏林与伦敦公布的两个伟大发现,它们能否会通,以及在多大程度上可以会通?

如前所述,自组织系统的耗散结构论较圆满地解释了单个原子与热力学系统、热力学系统与生物系统的联系,架起了物理学内部、物理学与生物学的桥梁,也就完整地解释了沿着物理系统—化学系统—生物系统—自然人系统即生态系统的能量流动。由于自组织系统理论为新陈代谢建立了更加微观的理论基础,如托夫勒(Alvin Toffler)在评价普里高津的贡献时所指出的"把生物学和物理学重新装到一起,把必然性与偶然性重新装到一起,把自然科学与人文科学重新装到一起"①,因此,物理学与生物学从而自然科学与人文社会两大科学群的会通不再是大而无当的题目。而由于自组织系统理论是现代系统科学的第二个重要发展阶段,因此,现代系统科学也就成为自然

---

① [美]阿·托夫勒:《前言:科学和变化》,见[比]伊·普里戈金、[法]伊·斯唐热:《从混沌到有序》,曾庆宏、沈小峰译,上海译文出版社1987年版,第5页。

科学与人文社会两大科学群会通的宏观体系标志与桥梁。

当马克思把人的本质界定为社会性、劳动和需要三个本质时①，就从哲学层面阐明了人的自组织系统性；当把劳动看成最重要、最基础的实践活动并揭示劳动的新陈代谢特征时，也就揭示了劳动的自组织系统属性，从微观上实现了自然人与社会人的会通。当他用生产和消费来概括人与自然的两种新陈代谢即两个对立统一的过程时：生产包含人自身和人类生命的生产与再生产，社会系统与自然系统经劳动的新陈代谢与消费的新陈代谢而复合成更大的系统，意味着马克思经济学与现代系统科学具有相似的特征。马克思源自《1844 手稿》的社会系统阶级结构批判，经过漫长的认识演化，结晶而成为劳动二重性的系统科学，社会系统研究向其子系统——经济系统研究的转换得以完成，阶级结构的产生及其对抗性关系由此得到科学的说明与论证，有了坚实的自然科学依据，马克思经济学的科学性与阶级性真正统一起来，完成了社会学和经济学的科学总结，从研究人的科学引出了自然科学下的人，打破了自然科学与社会科学的界限，真正把两者联结起来，实现了两者的会通。具体而言，自然科学里的新陈代谢概念改造成为劳动二重性的经济学范畴，其中，人与自然对立统一的关系转化为具体劳动，一部分人因占有另一部分人的劳动条件从而前者可以占有后者的劳动，社会系统阶级结构批判的结果被缩微、抽象和压缩、逻辑化成劳动二重性的经济学范畴，宏观的历史被缩微、抽象和压缩进了逻辑。劳动就是一个系统概念，既是具体劳动与抽象劳动的结构，也是必要劳动与剩余劳动的结构，还是劳动力与劳动对象、劳动主体与劳动客体的结构，劳动就是劳动系统。这就为物理学与政治经济学的跨界会通准备了条件。

---

① 中共中央宣传部理论局、马克思主义理论研究和建设工程办公室编：《2006 年马克思主义理论研究和建设工程成果选编》，学习出版社 2007 年版，第 10—12 页。

第六章　马克思经济学的超循环论和分形论特征

商品二重性运动是由使用价值与价值交织的双循环运动组成的，具体分成使用价值循环和价值循环。在德文里，流通和循环是同一个词，商品流通或货币流通与商品循环、货币循环是同义语。

第一节　简单商品经济条件下的二重性循环

一、使用价值循环

使用价值循环由生产和消费两个对立统一的阶段组成循环，"在生产中，人客体化；在消费中，物主体化"[1]，"成为使用价值，对商品来说，看来是必要的前提，而成为商品，对使用价值来说，看来却是无关紧要的规定"[2]，这说明使用价值的属性先于商品而存在，使用价值作为劳动产品、作为自然

---

[1]《马克思恩格斯全集》第30卷，人民出版社1995年版，第30页。
[2]《马克思恩格斯全集》第31卷，人民出版社1998年版，第420页。

物时所具有的属性,"使用价值虽然是社会需要的对象,因而处在社会联系之中,但是并不反映任何社会生产关系"①。由于"使用价值直接是生活资料",人也具有自然属性,当人消费生活资料时,就是人与生活资料的自然属性的统一,生活资料循环从而使用价值循环的结果就是人的再生产,这里既包括劳动者个人及其子女、家属的再生产,也包括发达商品经济条件下资本家及其家属的再生产,一句话,是人类生命的再生产,是人类生命的循环。"个人生产出一个对象和通过消费这个对象返回自身,然而,他是作为生产的个人和自我再生产的个人。"②

由于使用价值是具体劳动的凝结,而具体劳动是人与自然之间的新陈代谢,因此,商品使用价值的循环就是作为自然物的人的新陈代谢循环。而新陈代谢是生命的物质与能量交换与代谢,因此,使用价值循环也就意味着人与自然之间物质和能量的交换、新陈代谢循环。使用价值循环实质上是用马克思经济学概念来表达的自然科学意义下的人的生命循环。

商品包括生产资料、生活资料和劳动力,劳动不仅是劳动力对劳动对象做功的生物物理学过程,从使用价值角度看,同时也是劳动力的使用价值结合并改变、塑造劳动对象的使用价值的经济学过程,而这并不是两个过程或两次过程,而只是不同学科视角下的同一过程。劳动力使用价值的每一次循环,就是劳动力具体劳动的每次重复,形成了具体劳动的循环运动,具体劳动循环运动就是劳动力周期性地付出体能作用于劳动对象,周期性地改变、塑造劳动对象的使用价值,生活资料的消费就是生活资料使用价值的实现,特别是食物周期性地消费,它的使用价值就是周期性地补偿劳动力已经付出和流失到劳动对象上的体能。

---

① 《马克思恩格斯全集》第 31 卷,人民出版社 1998 年版,第 420 页。
② 《马克思恩格斯全集》第 30 卷,人民出版社 1995 年版,第 35 页。

二、价值循环

简单商品经济阶段是不同私有者之间交换自己生产的剩余劳动产品,马克思通过研究简单商品经济条件下的商品交换,建立了劳动价值论基础上的货币理论。货币实际上是使用价值和价值双循环的结果。

价值概念是由交换价值得出的,而交换价值来自商品交换,它反映的是人与人之间的关系。只要存在商品交换,货币的产生就是必然的。"商品交换是这样一个过程,在这个过程中,社会的物质变换①即私人特殊产品的交换,同时也就是个人在这个物质变换中所发生的一定社会生产关系的产生。商品彼此间在过程中的关系结晶为一般等价物的不同的规定,因而,交换过程同时就是货币的形成过程。"② 这段论述表明,所谓商品交换,就是社会内部人与人之间交换他们与自然的新陈代谢产物,"只要交换价值仍然是产品的社会形式,废除货币本身也是不可能的。必须清楚地了解这一点,才不致给自己提出无法解决的任务,才能认识到货币改革和流通革新可能改造生产关系和以生产关系为基础的社会关系的界限"③。

---

① 注:这里以下的物质变换在德文里即新陈代谢。
② 《马克思恩格斯全集》第 31 卷,人民出版社 1998 年版,第 445 页。
③ 《马克思恩格斯全集》第 30 卷,人民出版社 1995 年版,第 95 页。

第六章 马克思经济学的超循环论和分形论特征

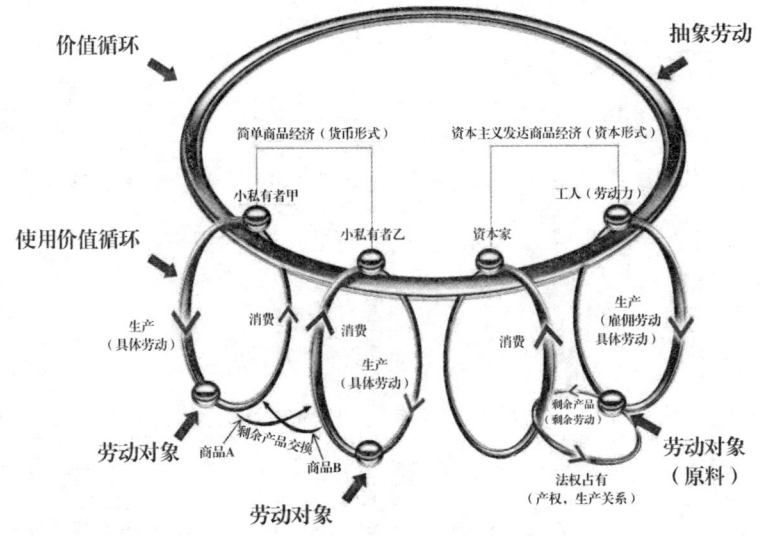

图 3

以图 3 为例，小私有者乙的商品 B 与小私有者甲的商品 A 相交换，首先是商品所有者彼此交换各自的对象化劳动：你以我的对象化劳动为对象，我以你的对象化劳动为对象，对两方的对象化劳动经交换后抽象认识得到的结果就是抽象劳动。

由于使用价值成为价值的表现形式，价值量的时间性所引出的均匀性、无限分割性、等质性，要求某个商品的使用价值自然属性要与此相应，经人类无数次反复的实践，货币最终固定在了金银身上，因此，马克思说："金银天然不是货币，但货币天然是金银。"①

那么，作为货币和世界货币的金银会如何演化呢？

---

① 《马克思恩格斯全集》第 31 卷，人民出版社 1998 年版，第 550 页。

三、电子货币隐喻

系统的同构性或同型性是指事物都具有相同的或者说是相类似的系统结构,对一个系统的研究得出的规律,可以通过类比、隐喻的方法,运用于另一个结构相同的系统演化,这样可避免不必要的重复劳动。这样,包括自然科学和人文社会科学在内的科学,通过系统同型性而统一起来。

人类的抽象劳动代表的是人与人之间的新陈代谢,价值是抽象劳动的表征,如前所述:抽象劳动、价值质不是独立的物理存在,不是独立的物理实体,是人与人之间社会关系联结存在的表现,因而是一种系统存在,价值抽象性的特征已经意味着价值的外在形式可以简约至极致。而货币是价值的外在形式,货币流通就是价值循环的外在形式。

马克思对货币流通的考察,指出了货币在流通中产生了使用价值量与价值量的矛盾,得出了没有价值可以有价格的推论,"没有价值的东西在形式上可以有价格……价格表现是虚幻的……如未开垦的土地的价格,这种土地没有价值"[①]。金作为货币在现实流通时,金原子会因为物理摩擦一点点丢失,金原子的数量在一点点地减少,金原子的物理质量在一点点地减少,意味着金作为货币的实际使用价值数量在一点点地减少,因此,这块货币金实际的价值量也就是里面所包含的社会必要劳动时间量也随之减少,但它所代表的、名义上的价值量也就是社会必要劳动时间量却不变,这里就有一个量的差异,即名不副实。这就是货币的价值尺度与流通手段之间性质差异的体现。那么,设想金完全被磨损了,也就是使用价值量即价值量一直减少而变

---

① 《马克思恩格斯全集》第 44 卷,人民出版社 2001 年版,第 123 页。

为零,也就是社会必要劳动时间完全消失了,不包含任何价值了,情形会怎样?"纸币是金的符号或货币符号……纸币只有代表金量,才是价值符号。"①只要物理材质或载体合适,作为流通手段的货币可以大大简约,纸币就这样应运而生。"金完全可以用它本身的没有任何价值的符号来代替。"② 符号的极致正是世界最快的东西:"商品的交换价值在这个过程中所得到的和金在它的流通中所表现的现实性,仅仅是闪电一样的现实性。金虽然是实在的金,但只执行虚幻的金的职能,因而在这个职能上可以由它自己的符号来代替。"③

1873 年麦克斯韦电磁学的划时代成就,已经预示着还有更简约的物理存在方式。电与磁之间的转换用图 4 简单表示如下。其中 B 表示磁场及其变化,E 表示电场及其变化。

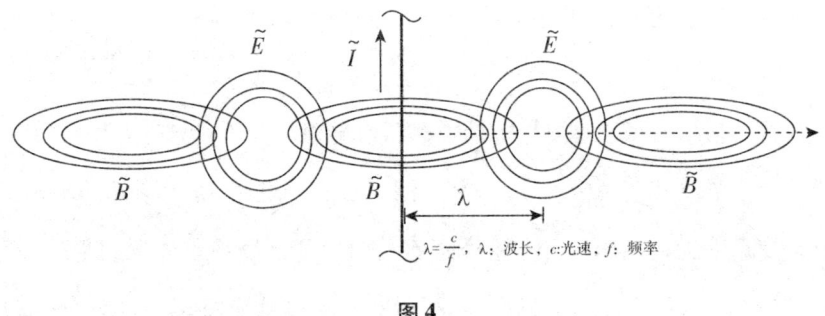

图 4

马克思和恩格斯虽然没有来得及注意这一点,但我们从系统的同构性原理出发,与把商品二重性的双循环性与麦克斯韦方程预言的电磁场的运动作比较,可以看到商品二重性的双循环与电磁场的传播结构相似,马克思用闪

---

① 《马克思恩格斯全集》第44卷,人民出版社2001年版,第151页。
② 《马克思恩格斯全集》第44卷,人民出版社2001年版,第151页。
③ 《马克思恩格斯全集》第31卷,人民出版社1998年版,第509页。

电来类比金的符号功能,用隐喻的方式预言了电子货币。马克思对电子货币的隐喻,对我们今天认识比特币等电子货币或数字货币等货币的新形态有重大的理论意义。①

第二节 资本形式下的使用价值和价值双循环运动

在商品交换和资本形式两种条件下的使用价值和价值双循环有着质的不同,不同的地方在于,在资本形式下,劳动力成为商品,劳动力商品的使用价值循环和价值双循环是资本主义生产方式和生产关系得以维持的动力。

一、资本的空间结构:不变资本与可变资本的划分

由图3可以看出,马克思论证了:在简单商品经济条件下,已经存在着价值循环引导下的使用价值循环,也就是,人—人之间新陈代谢引导下的人—物新陈代谢运动。私人占有生产资料是简单商品经济条件下的生产关系,商品交换是以自己的劳动为基础,商品所有者彼此交换自己的剩余劳动产品,彼此交换的是自己在劳动产品付出的体能。而资本主义制度条件下的商品交换就不一样了,劳动力成为商品使得资本形式下的使用价值和价值双循环发生了性质变化,是双循环的衍生形式,是包含了双循环的、有了新变化的更高级循环。

---

① 如黄达、张杰主编的教材有所提示:"这种情景是否有可能使得处于电磁信号形态上的货币成为货币的主要形态?"(见黄达、张杰编著:《金融学》,中国人民大学出版社2017年版,第8页)

在资本的双循环中，首先商品价值形式变为货币形式："价值的不灭性（一定程度的不灭性）在资本中是这样表现的：资本虽然也体现在易逝的商品中，采取这种商品的形态，但同样也不断地改变形态，交替地时而在货币上采取永恒的形态，时而在商品上采取易逝的形态；不灭性表现为它唯一可能成为的这种东西，表现为不断消逝的易逝性——过程—生命"①，其次是资本一分为二，分成了货币形式的不变资本与可变资本，资本结构化了。资本结构化也就是资本的系统化，资本成为由不变资本与可变资本组成的系统。不变资本与生产原料相交换，货币形式的可变资本与劳动力相交换，这两个交换行为是平行进行的。资本的结构化首先是资本的市场结构形式、空间结构形式，当可变资本购买到劳动力资本时，资本结构化就由可变资本—不变资本的空间结构形式转化为劳动力—生产资料的空间结构形式。由于资本在分头购买劳动力与生产资料时，是分头进行的价值与使用价值的交换，资本分头购买的行为包含了劳动力、生产资料的价值与使用价值的循环就是价值与使用价值的互换，因此，劳动力—生产资料的空间结构形式也是劳动力使用价值与生产资料使用价值并列的空间结构形式，人—物使用价值并列的空间结构形式为资本由流通过程转向生产过程，由资本的空间结构转化为时间结构做了准备。

二、资本的时间结构：资本的生产过程

资本不仅仅是价值循环，它更是作为榨取剩余价值的价值循环，因此，资本的一部分要不断用可变资本、用工资去购买到劳动力的使用价值，"资

---

① 《马克思恩格斯全集》第31卷，人民出版社1998年版，第36页。

本只是当它象吸血鬼一样，不断地吮吸活劳动作为自己的灵魂的时候，才获得这样的能力"①。

当劳动力或者说工人开始生产时，资本的生产过程也开始了。资本在市场上的空间结构转化了生产过程的时间结构，资本的时间结构实现了资本对剩余劳动的占有。而马克思正是通过对资本的时间结构的分析揭示了资本剥削的秘密。他把资本的生产过程分成了必要劳动时间与剩余劳动时间，建立了资本的时间结构，"不过把现成产品的各部分同时并存的空间变成了它们依次出现的时间"②，在生产过程中，资本的时间结构与空间结构是交织运动的，"资本作为整体是同时地、在空间上并列地处在它的各个不同阶段上"③。马克思以工作日为一个完整的单元、一个系统，用较大的篇幅详细地分析了资本生产工作日的种种详细情形，"资本'零敲碎打地偷窃'工人吃饭时间和休息时间的这种行为"使"剩余价值由剩余劳动形成已经不是什么秘密"④，马克思甚至引用一个四岁儿童做工的例子来说明资本的残酷剥削性⑤。

在生产过程结束时，劳动力付出的体能，以产品形式出现，而产品分成了必要产品和剩余产品，即产品的数量结构。资本的时间结构重新生成为产品数量结构，"并列存在本身只是相继进行的结果"⑥。

---

① 《马克思恩格斯全集》第31卷，人民出版社1998年版，第36页。
② 《马克思恩格斯全集》第44卷，人民出版社2001年版，第258页。
③ 《马克思恩格斯全集》第45卷，人民出版社2003年版，第121页。
④ 《马克思恩格斯全集》第44卷，人民出版社2001年版，第281页。
⑤ 《马克思恩格斯全集》第44卷，人民出版社2001年版，第315页。
⑥ 《马克思恩格斯全集》第44卷，人民出版社2001年版，第120页。

三、资本的剥削性和自组织性

在工人生产出来的全部产品中，工人并不是直接分走相当于劳动力价值的产品，而是以工资形式分走，也就是不是以实物形式而是以货币形式实现劳动力价值交换，包括剩余产品在内的全部劳动产品实物都为资本家所有，也就是说，全部使用价值形式的产品都归资本家所有。可见，资本家通过占有剩余产品，占有了剩余劳动时间，占有了劳动力的人身，因为在劳动产品上工人付出了自己的体能，是他作为人与劳动对象之间的新陈代谢。作为使用价值的剩余产品，通过交换实现剩余价值循环，作为使用价值的必要产品，通过交换实现对劳动力价值和生产原料等可变资本和不变资本补偿，从图3中可以看出，资本家由于占有劳动资料和劳动对象，而占有了生产过程的剩余产品，占有了剩余价值。再用剩余价值去交换作为使用价值的生活资料，然后消费它，实现资本家个人及家属的生命再循环。

资本能够不断地剥削雇佣劳动，不断地迫使工人生产并占有工人的剩余劳动，反映出资本的自组织性。所谓资本的自组织性，就是资本像生命一样不断地自我生成性，就是人格化的资本不断地不劳而获从而不劳而生。资本的双循环运动是以剩余价值参与循环为前提的，这就是剩余价值的资本化。而在考察剩余价值的资本化过程中，也就是考察在剩余价值不断产生又不断资本化的循环运动中，马克思指出：资本家即使最初是靠自己的诚实劳动等价购买了劳动力商品，最初的资本也会因资本家不断把剩余价值从而剩余产品用于生活消费而消失，因此，总有一天新的资本会全部来自剩余价值的资本化，来自不劳而获的剥削，资本家会成为纯粹的剥削者。可见，资本主义生产过程不仅是产品的再生产，而且是生产关系的再生产，是资本的生产与再生产，也就是说，资本能够不断地自我生成，资本的自我生成就是资本的自组织。马克思没有直接使用过资本的"自组织性"这样的术语，但在考察流动资本时明白无误作了表达。他说："资本作为主体，作为凌驾于这一运动各个阶段之上的、在运动中自行保存和自行倍增的那种价值，作为在循环中（在螺旋形式中即不断扩大的圆圈中）发生的这些转化的主体，它是流动资本。"① 我们知道，主体是人的哲学表达，把资本比喻为主体，并用"自行倍增的价值"来作具体说明，可见，马克思是用人的生命生生不息性去类比资本的自组织性。

---

① 《马克思恩格斯全集》第31卷，人民出版社1998年版，第7页。

第七章 马克思经济学的协同学特征

协同学认为，在任何化学系统内部，子系统都存在两种对立或者说相反的运动趋向：一种是子系统天然的、自发的分散独立运动，这种各自为政的无规则运动使系统整体趋向混乱，不能自组织成为一个整体的系统；另一种是子系统之间关联耦合的协同运动，它驱使子系统彼此生成特定的结构或功能，宏观有序。系统整体向何处发展，取决于子系统上述两种对立运动的结构，即哪种趋向占有主导地位、优势地位，主要是所具有的能量占主导地位、优势地位。

而标志子系统之间协同运动的变量被称为序参量，序参量一旦生成，意味着系统内子系统之间的协同运动占据了主导地位，系统内部子系统的无规运动虽仍然存在，但不再是不受约束的运动，要服从于协同运动，要融合在序参量支配下运动，而系统整体的运动开始接受序参量的役使和主导，协同运动会不断扩大自己的主导和役使的范围和强度，占据主导地位。就像东去的大江这样一个系统：各个水分子一方面存在着无规则的热运动，另一方面又都融汇在东去的大潮流之中。

上述两个方面，实际上是一个动态发展的循环交叉过程：子系统的协同（即非线性）作用产生了序参量，而新生的序参量反过来支配子系统的行为，更多子系统的参与，放大了序参量作用的范围，形成了系统的有序结构与有序演化的过程。

那么，系统中的序参量具有什么样的特征呢？

系统演化中有很多描述系统状态的参量，从地位和作用上看，分成了两大类：一类叫快弛豫变量（又称稳定模），另一类叫慢弛豫变量（又称不稳定模）。相比而言，前者是短"寿命"变量，在系统演化过程中它们如同过眼烟云或昙花一现，出现后消失快，此起彼伏（所以称为快变量）。后者是长"寿命"变量，自始至终存在于演化过程，因而它对系统的整个演化过程起着举足轻重的作用。从数量上看，大部分描述子系统行为的参量是快弛豫变量，而慢弛豫变量为数极少，往往只有一个或几个。慢弛豫变量实际是应"天时、地利、人和"因素而由大量子系统的合作产生的，是一类集体运动的模式或变量，所以慢弛豫变量往往发展成为序参量。换言之，序参量是寿命长、数量少的慢变量。

既然社会是一个系统，那么，推动社会系统运动的"序参量"是什么？

第一节 生产力系统：社会系统里的序参量

由于生产力是由劳动者、生产资料、劳动对象等多个要素组成的，就是生产力系统。生产力系统的演进本质是劳动力与生产资料两者使用价值相统一的循环。马克思对生产力系统的演化分析，阐明了作为整体的劳动主体要素生成为整体的劳动客体要素的过程。

一、生产力系统主体要素的整体性

社会生产力有两个相互联系的含义，广义的社会生产力指生产力所具有的社会性，由于个人的社会属性决定了个人的生产力的社会性本质，而社会总是由无数个个人组成的，从这个意义上说，生产力就是社会生产力；而狭义的社会生产力是指与个人的生产力相对的。

劳动首先不是人与人之间的分工，而首先是人与自然之间的新陈代谢，比分工、生产力更基本。在资本主义生产方式出现以前，不同人之间的劳动是以社会分工的形式出现的，是分散的，因此，人类整体整个作为一个统一的劳动力，整体性特征并不直观。这时的劳动的整体性首先不是体现为劳动的社会属性，而是体现为劳动的自然属性，是人类作为一个整体与自然关系上的一个规定，但是随着社会分工的不断深化和扩大，劳动的社会属性的一面越来越体现出来。

系统是由不同层次的子系统组成，系统整体性也就是不同层次的整体性。生产力系统也是自上而下具有不同层次的系统，马克思考察了社会的劳动生产力几个中间层次，如总体工人、局部工人、管理职能或管理劳动、结合生产力，这些中间层次都具有系统整体性，即具有超越它们下一层要素之和的性质。

在局部工人和总体工人关系中，总体工人具有超越局部工人之和的性质。马克思所说的总体工人或者社会的总体工人并不是生物学意义上单个的自然人，它是由数个局部工人聚集组成的系统。马克思所说的总体工人或者社会的总体工人并不是自然人，而是由数个局部工人聚集组成的系统，总体工人是由个别存在的自然人组成的系统存在，马克思把它看成与自然人一样真实的自然存在、客观存在。他说,"工场手工业时期所特有的机器始终是由局部工人结合成的总体工人本身"①。这里用工业时期的机器来比喻工业之前的手工业时期的总体工人,这就说明总体工人是像机器一样坚硬而真实的存在。这种真实的系统存在的特征依然是减少商品生产的劳动时间,能够减少劳动时间的原因,正是总体工人整体大于部分之和的系统效应、整体性。他指出:"总体劳动者例如用24只手传砖,比单个劳动者每人都用两只手搬砖上下脚手架要快。"②他还从相对的角度,用身体与器官的关系来比喻总体工人与自然人的工人两者之间的系统整体性与层次性关系:"工场手工业的分工不仅使社会总体工人的不同质的器官简单化和多样化,而且也为这些器官的数量大小,即为从事每种专门职能的工人小组的相对人数或相对量,创立了数学上固定的比例"③,"总体工人具备了技艺程度相同的一切生产素质,同时能最经济地使用它们,因为他使自己的所有器官个体化而成为特殊的工人或工人小组,各自担任一种专门的职能"④。可以看到,把总体工人当一个工人时,真正的工人就下降为器官。此外,把工人比做器官的比喻还深刻地说明:原本全面性、整体性的工人如何被社会分工异化得片面了。他指出:"他的片面性甚至缺陷就成了他的优点。从事片面职能的习惯,使他转化为本能地准确地起作用的器官,而总机构的联系迫使他以机器部件的规则性发生作用。"⑤

结合劳动或集体力是比社会分工子系统高一层的生产方式子系统。不论工业生产还是农业生产都存在这种结合劳动或集体力。马克思明白无误地阐

---

① 《马克思恩格斯全集》第44卷,人民出版社2001年版,第404页。
② 《马克思恩格斯全集》第44卷,人民出版社2001年版,第379页。
③ 《马克思恩格斯全集》第44卷,人民出版社2001年版,第401页。
④ 《马克思恩格斯全集》第44卷,人民出版社2001年版,第404页。
⑤ 《马克思恩格斯全集》第44卷,人民出版社2001年版,第405页。

述了结合劳动或集体力"整体大于部分之和"的系统效应,阐述了结合劳动或集体力的整体性,从而阐明了结合劳动或集体力的系统存在性,其特征是劳动时间的节约、劳动生产率的提高。他说:"在劳动的作用范围扩大的同时劳动之间范围的这种缩小,会节约非生产费用,这种缩小是由劳动的集结、不同劳动过程的靠拢和生产资料的积聚造成的。"[①] 劳动施加的区域总体扩大而在局部聚集,正因为这种效应是系统科学属性即自然属性的体现,并指出"这种变化是自然发生的"[②],是客观效应,系统效应的自然属性。它也是自然生产力。"结合劳动的效果要么是单个人劳动根本不可能达到的,要么只能在长得多的时间内,或者只能在很小的规模上达到。这里的问题不仅是通过协作提高了个人生产力,而且是创造了一种生产力,这种生产力本身必然是集体力。"[③] 而这种无形的生产力与资本无关,这种超越了个人看似无形的生产力,就是具有系统存在性的生产力,是生产方式系统的一个具体层次,它不由资本产生,却能为资本所占有,并为资本利用来缩短劳动时间。马克思揭露了资本对这种生产力的占有,他说:"因为工人在他的劳动本身属于资本以前不能发挥这种生产力,所以劳动的社会生产力好像是资本天然具有的生产力,是资本内在的生产力。"[④]

管理职能或监督劳动是比结合劳动力或集体力高一层的生产方式子系统,是社会生产力系统的一个中间层次,也具有整体性,具有"整体大于部分之和"的时间效应。马克思论述分工和协作时用乐队指挥来比喻说明管理职能和监督劳动的系统存在及整体性,说明了管理劳动是客观存在,是系统存在、整体存在。他说,"一切规模较大的直接社会劳动或共同劳动,都或

---

① 《马克思恩格斯全集》第 44 卷,人民出版社 2001 年版,第 382 页。
② 《马克思恩格斯全集》第 44 卷,人民出版社 2001 年版,第 388 页。
③ 《马克思恩格斯全集》第 44 卷,人民出版社 2001 年版,第 378 页。
④ 《马克思恩格斯全集》第 44 卷,人民出版社 2001 年版,第 387 页。

多或少地需要指挥，以协调个人的活动，并执行生产总体的运动"①，管理职能是由劳动派生出来的，往往并不直接接触作为自然物的劳动对象、原料，"资本家在生产过程中是作为劳动的管理者和指挥者出现的，在这个意义上说，资本家在劳动过程本身中起着积极作用。……这种与剥削相结合的劳动……当然就与雇佣工人的劳动一样，是一种加入产品价值的劳动"，"只要资本家的劳动不是由单纯作为资本主义生产过程的那种生产过程引起，因而这种劳动并不随着资本的消失而自行消失"②。

二、生产力系统客体要素的整体性

需要说明的是，作为哲学概念的客体既可以是自然物，也可以是人。为了更好地说明问题，这里所说的客体仅指自然物。社会的系统性决定了社会分工的系统性，社会分工系统经过漫长的历程，生成为机器系统。先是一个个个别的工人，通过手工劳动，制造出性质和用途不同的工具，形成劳动工具的系统分工，再用劳动把劳动工具集中起来，转化为机器；最后用劳动把机器集成起来生成和转化为机器系统。经过一个比较长的劳动历史过程，社会的劳动生产力固化为机器的生产力，人类社会的整体性转化和固化为劳动工具的整体性，劳动工具的整体性使机器成为机器系统，因此，马克思说机器系统里的工具原是老相识，本来分散在工人或小资本家生产企业里的工具，它们的整体性是分散的、不直观的，而到了机器大工业阶段，劳动的整体性、社会分工的系统性以比较直观的方式展现出来。社会分工系统的整体性，由人身到了机器身上。人类形态的主体系统通过劳动转换生成为机器形

---

① 《马克思恩格斯全集》第44卷，人民出版社2001年版，第384页。
② 《马克思恩格斯全集》第26卷（下），人民出版社1974年版，第550—553页。

态的客体系统。

马克思从整体性的角度论述了工场手工业和机器大工业的区别。在社会的生产力系统中要素是人，社会生产力的整体性是以人的局部性、片面性为代价的；而在机器大工业阶段，作为一个整体的社会分工以客体、以自然物的机器形态得以再现，机器之所以能有整体性和层次性，是因为一代代人劳动的结果。人类社会既有分工又是一个整体，通过一代代人的劳动、通过协作、工场手工业等历史阶段，转化为劳动工具的层次性，人把机器组合起来成为一个系统，一代代人的劳动生成作为整体的机器，机器系统生成了，人消失了。机器所获得的形态完全是人劳动的结果。机器系统的整体性来自社会分工系统的整体性，马克思甚至直接借用描述生物学系统的有机体这个术语来说明机器系统的整体性，并对社会分工系统与机器系统作了比较："在工场手工业中，社会劳动过程的组织纯粹是主观的，是局部工人的结合；在机器体系中，大工业具有完全客观的生产有机体，这个有机体作为现成的物质生产条件出现在工人面前。"①

机器系统与社会分工系统有着明显的区别。由于人是有机体，而机器的材质是无机的，是物理材质，虽然机器系统是由人生成的，但机器系统的寿命比人长，机器抗风险的能力例如抗锈蚀大大加强，寿命增长了。一代代人虽然死去，可是机器系统却能在一个人、一代人死后，继续为另一个人、下一代人所用。机器系统就成为不同人、不同代人之间的转换，后面的人、后代的人就可以在前人的基础上继续发展，机器整体性发挥作用的时间也比人长。

资本是能带来剩余价值的价值，而衡量价值的是社会必要劳动时间，因

---

① 《马克思恩格斯全集》第44卷，人民出版社2001年版，第443页。

此,马克思牢牢抓住资本主义生产过程上的劳动时间问题,揭示了资本主义生产方式的系统存在性。我们通过劳动时间量的变化,来认识马克思如何把历史上的生产方式在理论上再现为由低到高的多层次子系统组成的系统:劳动子系统、社会分工子系统、结合劳动力子系统、管理劳动子系统、局部工人子系统、总体工人子系统、机器子系统、最高层次上的"社会的劳动生产力"。这些子系统中,逻辑层次与历史发展的次序相呼应。一般地说,较低层次的生产方式子系统对应着较早的人类生产阶段,较高层次的生产方式子系统对应着较晚的人类生产阶段。在这些层次当中每个中间层次的子系统都有整体性,有着超出低一个层次要素之和的性质,有着不同的系统质,表现出明确的层次界限,体现出系统质的突变。一般来说,高层次的生产方式子系统的生成标志是提高了劳动生产率,在相对地缩短劳动时间。

劳动子系统是最初的形态,也是最低的、最简单的层次,由劳动力、生产资料、劳动对象等要素组成。马克思把动态的劳动过程定义为人与自然之间的新陈代谢,而从系统的角度看,劳动过程就是劳动系统的动态演化过程。这里的劳动力既指人类全体,也指个人,而不论指人类全体还是个人,都受着社会属性即人类社会系统整体性的制约,同时,人类自身具有自然属性,加上劳动对象和生产资料的自然属性,因此,劳动子系统的整体性就是劳动的自然属性和社会属性的复合。随着劳动子系统的演化,各种生产方式子系统应运而生,形成了不同的层次,其中,作为要素的劳动力、生产资料、劳动对象等主客因素都在发生变化。

社会分工子系统是位于劳动子系统之上的最近层次,这个子系统在前资本主义时期、在简单商品生产和交换阶段就已经存在了。

在机器出现以前,生产方式系统的整体变化的主要标志是系统要素中人的变化,而机器出现后,生产方式系统整体变化的主要标志是系统要素中生产资料的变化。从主要以劳动力、劳动主体为系统要素的变化，转向了以劳动工具、劳动客体为系统要素的变化。相应地，在生产方式系统中，开始以系统要素中的机器作为划分各子系统层次的标准。以前分散在工人或小资本家生产企业里的工具，在空间上分散，不那么直观，它们的系统整体性表现为分工的相互联系，而工具集成为机器后，工具的系统整体就以机器的整体性直观地表现出来。曾经的劳动子系统的整体性、社会分工子系统的整体性，以机器子系统的整体性更加直观地再现出来。以后更出现了流水生产线子系统。生产方式从最初的劳动子系统要素，从劳动主客体系统内部要素的相互作用，从人、从劳动主体，转移到了劳动客体——机器。

生产方式系统演化到机器子系统时，系统要素变得丰富了。马克思花很大的篇幅论述机器大工业不是偶然的。由最简单的工具向复杂的工具不断集成，就形成了不同层次的生产资料子系统。最初的、单件的简单劳动工具，也是一个小系统，是劳动力用手工劳动制造出性质不同和用途不同的单件简单劳动工具，工具保留下来了，形成劳动工具的系统分工，后来的劳动者再用自己的劳动把以往的劳动工具集中起来，转化为机器；最后用劳动把机器集成起来生成和转化为机器子系统。一代代劳动者漫长的劳动积累，社会的劳动生产力固化为机器的生产力，人类社会的整体性转化和固化为劳动工具的整体性，劳动工具的整体性又进一步演化为机器子系统。人类的社会系统通过劳动以机器子系统形态重新生成。

早期和低层次的生产方式系统中，系统要素是人，生产方式系统的整体性是以人的局部性、片面性为代价的；而在后期和高层次的生产方式系统中，生产方式的整体性是以客体、以自然物形态的机器子系统再现出来，机器子系统所具有的整体性和层次性，是一代代劳动者劳动的结果。一代代人通过协作、工场手工业等历史阶段，一步步不断生成和提高生产方式系统中子系统的层次，作为生产方式系统要素之一的一代代人消失了，一代代劳动力子系统消失了，一代代主体子系统消失了，作为生产方式系统要素之一的生产资料不断发生变化，客体的机器系统生成了。机器系统的整体性越来越表现为自组织性、自动性，但这完全是人劳动的结果。人类社会生产方式就进入了资本主义生产方式阶段。

第二节 作为系统的世界经济

世界经济理论在马克思经济学里不像其他理论那样鲜明，有关的内容分散在世界市场、现代殖民理论、国际分工、汇率、工资国民差异等理论里，但只要坚持价值整体性的视角，坚持世界经济通过交换、通过价值联结，那么，就能看到马克思是如何逻辑一致地把世界经济与资本作为一个整体来认识。

一、作为系统存在的世界经济

目前对世界经济的理解，一个是指自从人类社会出现以来世界各地区、各国的经济，另一个是指人类社会生产发展到一定历史阶段以后而形成的客观经济实体，是世界各国通过世界市场而形成的相互联系、相互依赖、共同运动的有机整体。它是在国际分工和世界市场的基础上，把世界范围内的各国经济通过商品流通、劳务交换、资本流动、技术转让、国际经济一体化等多种形式和渠道，把各国的生产、生活和其他经济方面有机地联系在一起。

前一个含义是泛指，该含义强调了世界经济的空间和地域特征，而后一个含义所说的世界经济是一个特定的历史范畴，是一个由历史条件形成的有机的经济整体，而不是地球上各国家各地区经济的简单加总。作为系统存在也即作为整体而存在的世界经济，重要的质的规定性是它的不可分割性质，这种不可分割的整体性质使世界经济成为系统。

二、马克思对世界经济整体性特征的揭示

当马克思把价值质归结为人类社会系统的整体性时，就已经在逻辑上预示着世界经济通过价值纽带连接起来成为整体的可能。价值是商品的两重属性之一，因此，世界范围内不同国家、不同地区、不同民族之间在进行商品交换时，人类社会系统的整体属性就通过价值质这种特殊的历史形式，作用于不同国家和不同民族。商品交换的品种越多、范围越广、数量越多，价值质的作用程度越深、范围越广，世界经济就越来越成为不可分割的整体，人类主体就越来越超越中间层面的政治主体而成为人类社会。但仅仅靠世界各地小生产基础上的简单商品交换，世界经济一体化的力度是远远不够的，进程不会那么快。只有在资本主义机器大工业的条件下，世界经济一体化的进程大大加快。马克思运用逻辑与历史相统一的方法，极为深刻地论述了世界经济与资本主义经济两者之间密不可分的关系，既雄辩地论证了资本产生的历史根据，又充分揭示了作为系统、作为整体的世界经济的价值本质和资本本质。

资本产生的两个逻辑条件分别是存在发达的商品交换和劳动力成为商品，这两个逻辑条件是真实的经济史的理论反映，而从经济史看，这两个逻辑条件都与世界经济有着密切关系。

发达的商品交换是资本产生的第一个条件。马克思在《政治经济学批判》

中提出把"国家、对外贸易、世界市场"作为自己研究对象的计划。在《1861—1863手稿》里他具体地说明了抽象劳动、价值与商品之间的关系。他说:"只有对外贸易,只有市场发展为世界市场,才使货币发展为世界货币,抽象劳动发展为社会劳动。抽象财富、价值、货币、从而抽象劳动的发展程度怎样,要看具体劳动发展为包括世界市场的各种不同劳动方式的总体的程度怎样。资本主义生产建立在价值上,或者说,建立在包含在产品中的作为社会劳动的劳动的发展上。但是,这一点,只有在对外贸易和世界市场的基础上[才有可能]。因此,对外贸易和世界市场既是资本主义的前提,也是它的结果。"①在《资本论》中他简明地指出:"商品流通是资本的起点,商品生产和发达的商品流通,即贸易,是资本产生的历史前提。世界贸易和世界市场在16世纪揭开了资本的现代生活史。"② 这里简明地阐述了16世纪的地理大发现对现代资本产生的前提意义。

劳动力成为商品是资本产生的另一个逻辑条件,与之相应的历史前提是原始积累,而在原始积累阶段,非洲奴隶是劳动力商品的重要来源。"所谓原始积累只不过是生产者和生产资料分离的历史过程"③,也就是,劳动者丧失了生产资料而不得不把自己当作劳动力来出卖。在原始积累理论里,马克思不仅以英国为典型非常详细地指出了劳动力的国内来源,例如,英国(还有法国)甚至通过残酷的立法强迫流浪汉当雇佣工人④,而且通过对世界经济整体的考察指出,非洲奴隶也是劳动力商品的重要来源。马克思指出:英国著名的港口城市"利物浦是靠奴隶贸易发展起来的。奴隶贸易是它进行原

---

① 《马克思恩格斯全集》第26卷(下),人民出版社1974年版,第278页。
② 《马克思恩格斯全集》第44卷,人民出版社2001年版,第171页。
③ 《马克思恩格斯全集》第44卷,人民出版社2001年版,第822页。
④ 《马克思恩格斯全集》第44卷,人民出版社2001年版,第843—846页。

始积累的方法"①,"美洲金银地的发现,土著居民的被剿灭、被奴役和被埋葬于矿井,对东印度开始进行的征服和掠夺,非洲变成商业性地猎获黑人的场所——这一切标示着资本主义生产时代的曙光。这些田园诗式的过程是原始积累的主要因素。接踵而来的是欧洲各国以地球为战场而进行的商业战争。这场战争以尼德兰脱离西班牙开始,在英国的反雅各宾战争中具有巨大的规模,并且在对中国的鸦片战争中继续进行下去,等等"②。而现代资本产生后,反过来,一个国家后来兴起的资本可以直接来自先行的另一个资本主义国家的资本。马克思指出:"国际信用制度常常隐藏着这个或那个国家原始积累的源泉之一","今天出现在美国的许多身世不明的资本,仅仅在昨天还是英国的资本化了的儿童血液"③。

第三节 资本主义经济系统

使用价值表现出的人与自然的整体性、价值表现出的社会系统质的整体性、货币结晶表现出的商品整体对立、货币与商品循环的系统演化特征、生产方式不同层次的系统,这些都最终导致了资本运动过程作为整体来考察④,因此,马克思对资本运动的考察事实上在考察资本主义经济系统。

---

① 《马克思恩格斯全集》第44卷,人民出版社2001年版,第870页。
② 《马克思恩格斯全集》第44卷,人民出版社2001年版,第861页。
③ 《马克思恩格斯全集》第44卷,人民出版社2001年版,第866页。
④ 《马克思恩格斯全集》第46卷,人民出版社2003年版,第29页。

一、资本主义经济系统：《资本论》的研究对象

什么是政治经济学的研究对象？传统观点认为，马克思主义经济学是研究生产关系及其发展规律的科学。如前所述，吴易风提出：《资本论》的研究对象不是生产关系或生产方式，而是马克思所说的"资本主义生产方式和与此相应的生产和交换关系"①。顺理成章地，政治经济学或经济学研究人类社会各个历史发展阶段上的生产方式以及和它相适应的生产关系或经济关系。②

我们可以看到，"机器和大工业理论"论述资本主义生产方式，其篇幅约为《资本论》第一卷的近五分之一，论述了从最简单的分工经协作到资本主义机器大工业生产方式的完整过程，细致程度到了机器工艺。而在《资本论》里生产关系的德文原文并不是一个独立的词，而是与交换关系共用一个定语，其意是"生产的和交换的"关系，并且"生产的和交换的"还通过"与此相应的"限定语与生产方式联系起来，生产关系与交换关系是指与生产方式发生特定关系，三者在马克思那里有着极为密切的关系。"生产力决定生产关系"的原理里已经包含着两者的一体性，就是说生产关系的界限不能超出生产力决定的范围，例如，在落后的生产力条件下是不可能有资本主义交换关系的。

如果我们把资本主义生产方式、生产关系和交换关系三个要素视为一个有机整体、一个系统——资本主义经济系统；那么，可以说，马克思经济学

---

① 吴易风：《马克思的生产力—生产方式—生产关系原理》，载《马克思主义研究》，1997年第2期。

② 吴易风：《论政治经济学的研究对象》，载《中国社会科学》，1997年第2期。

的研究对象就是资本主义经济系统及其演化。具体地说,《资本论》事实上把机器大工业这种典型的资本主义生产方式、资本雇佣劳动的资本主义经济制度、发达的市场交换关系或者说发达的商品关系三位看作一体,这三者构成了资本主义经济系统,因此,资本主义经济系统才是《资本论》的研究对象。

《资本论》关于资本的演变史,就是这生产方式、生产关系和交换关系三要素组成并相互作用的资本主义经济系统的演进史。在这些要素中,不断变化的、能动的、革命性的要素是生产力。资本主义生产和再生产过程既是生产力重复发挥作用的过程,也是资本主义生产关系的再生产过程,资本雇佣劳动的资本主义经济制度不断地被再生产出来。生产力与生产关系形成了密不可分的整体。资本主义生产方式、生产关系、交换关系的确立,也就是作为整体的资本主义经济系统的生成。

由于系统与环境具有相对性,因此,把资本主义经济系统看作《资本论》的研究对象时,还意味着资本主义经济系统是社会环境下的系统。《资本论》对资本主义经济系统的考察,也就引出了资本经济系统与社会环境的关系,资本主义经济系统被马克思当作更大的社会系统之下的子系统来考察。马克思既指出了生产力这个内部要素的决定性作用,既从历史的角度指出了政治、文化、法律等社会环境因素对资本主义经济系统发生所起的影响和作用,也从资本主义经济系统的演进中得出了人类社会发展的一般规律。在论述资本原始积累即资本主义经济系统的原始积累时,他指出了政治的作用:"原始积累的不同因素,多少是按时间顺序特别分配在西班牙、葡萄牙、荷兰、法国和英国。在英国,这些因素在 17 世纪末系统地综合为殖民制度、国债制度、现代税收制度和保护关税制度。这些方法一部分是以最残酷的暴力为基础,例如殖民制度就是这样。但所有这些方法都利用国家权力,也就是利用集中的、有组织的社会暴力，来大力促进从封建生产方式向资本主义生产方式的转化过程，缩短过渡时间。暴力是每一个孕育着新社会的旧社会的助产婆。暴力本身就是一种经济力"①，"公债成了原始积累的最强有力的手段之一。它像挥动魔杖一样，使不生产的货币具有了生殖力，这样就使它转化为资本"②。在资本主义经济系统生成后，他指出法律对之的反作用："工厂立法是社会对其生产过程自发形态的第一次有意识、有计划的反作用"③，在论述工作日缩短的原因时，他指出文化因素的影响和作用："一个人在 24 小时的自然日内只能支出一定量的生命力。除了这种纯粹的身体界限之外，工作日的延长还碰到道德界限。工人必须有时间满足精神需要和社会需要，这些需要的范围和数量由一般的文化状况决定。因此，工作日是在身体界限和社会界限之间变动的。"④

马克思通过指出上述多个因素对资本主义经济系统的影响作用，说明资本主义经济系统是一系列历史因素相互作用生成的结果。

二、资本主义经济系统：世界经济的开端式样

系统是时间与空间具体的统一。系统的时空一体性使系统既有时间特征也有空间特征，既然人类社会就是人类社会系统，那么人类社会系统也可以从时空两个特征展开。社会形态是人类社会系统时间状态的表现。人类社会从一种社会形态演进到另一种社会形态，就是人类社会系统从一种时间状态演进到另一种时间状态，不同人类社会形态联结起来而成的人类历史就是人

---

① 《马克思恩格斯全集》第 44 卷，人民出版社 2001 年版，第 861 页。
② 《马克思恩格斯全集》第 44 卷，人民出版社 2001 年版，第 865 页。
③ 《马克思恩格斯全集》第 44 卷，人民出版社 2001 年版，第 553 页。
④ 《马克思恩格斯全集》第 44 卷，人民出版社 2001 年版，第 269 页。

类社会系统随时间的演进史。人类历史就是人类社会系统从一种旧的时间状态消失而生成为另一种新的时间状态的变换史。如果说"社会形态"突出了人类社会系统的时间特征的话,那么,"世界历史"则突出了人类社会系统的空间状态特征。资本主义社会是人类社会系统演进生成的特定的时间态,既具有横向的空间特征,也具有纵向的时间特征,是人类历史上具体的社会形态与世界历史交织的阶段。

前资本主义时期的世界经济只是一个地理概念,还不是真正意义上的整体或系统。世界经济真正成为一个有机的整体、一个系统,开始于资本主义经济系统。资本主义经济系统是世界经济环境里诸多条件相互作用演进生成的,是价值整体性、资本整体性不断扩大自己的作用范围生成的。它的生成深刻地揭示了世界经济整体的资本逻辑本质,世界经济的整体性借助价值和资本整体性的纽带而不断加强。世界经济是世界范围内不同民族、种族、国家之间的相互作用影响下的演进与社会形态演进统一的重要方面。要充分认识世界经济的整体性,就要充分认识资本和价值的整体性。马克思用规律和必然性揭示了资本和价值整体性对世界经济的意义。马克思把同一空间并列的不同国家的发展看成是同一个国家不同阶段的发展。两个空间上并列的国家,时间在后的国家要重演时间在前的国家所经历的经济过程。马克思说:"问题本身并不在于资本主义生产的自然规律所引起的社会对抗的发展程度的高低。问题在于这些规律本身,在于这些以铁的必然性发生作用并且正在实现的趋势。工业较发达的国家向工业较不发达的国家所显示的只是后者未来的景象"①,因此,"一个社会即使探索到了本身运动的自然规律,——本书的最终目的就是揭示现代社会的经济运动规律,——它还是既不能跳过也不能用

---

① 《马克思恩格斯全集》第44卷,人民出版社2001年版,第8页。

法令取消自然的发展阶段。但是它能缩短和减轻分娩的痛苦"①。在现代殖民理论里他换了一种说法,再次强调了"我们感兴趣的只是旧大陆的政治经济学在新大陆发现并大声宣布的秘密:资本主义的生产方式和积累方式,从而资本主义的私有制,是以那种以自己的劳动为基础的私有制的消灭为前提的,也就是说,是以劳动者的被剥夺为前提的"②。

三、全球化:世界经济的整体化进程

国家是比人类社会低一个层次的子系统,也具有整体性。人类社会也是不同国家间的结构组成的整体。既然价值整体性是它的人类社会系统质,它就不仅具有部门结构性的意义,还具有国家结构性的意义。一个商品的国际价值不过是它的价值的国别体现。价值规律不仅在一个国家内部调节着全部劳动时间的分配,"资本除了把工厂工人、手工工场工人和手工业工人大规模地集中在一起,并直接指挥他们,它还通过许多无形的线调动着另一支居住在大城市和散居在农村的家庭工人大军"③,随着不同国家间的商品交换,它也在全世界范围内调节着劳动时间的分配。

价值整体性的特征已经预示着世界经济整体性的特征。马克思把它称为"价值规律在其国际范围内的应用"④,并用世界劳动概念做了展开。他一方面指出了价值的"社会必要性"在一个国家内部的含义:"每一个国家都有一个中等的劳动强度,在这个强度以下的劳动,在生产一个商品时所耗费的时间要多于社会必要劳动时间,所以不能算作正常质量的劳动。在一个国家

---

① 《马克思恩格斯全集》第44卷,人民出版社2001年版,第9页。
② 《马克思恩格斯全集》第44卷,人民出版社2001年版,第887页。
③ 《马克思恩格斯全集》第44卷,人民出版社2001年版,第531页。
④ 《马克思恩格斯全集》第44卷,人民出版社2001年版,第645页。

内，只有超过国民平均水平的强度，才会改变单纯按劳动的持续时间进行的价值计量"①，另一方面用世界劳动概念指出了价值的"社会必要性"在不同国家之间的含义与联系，"在以各个国家作为组成部分的世界市场上，情形就不同了。国家不同，劳动的中等强度也就不同；有的国家高些，有的国家低些。于是各国的平均数形成一个阶梯，它的计量单位是世界劳动的平均单位。因此，强度较大的国民劳动比强度较小的国民劳动，会在同一时间内生产出更多的价值，从而表现为更多的货币"②。

这就是目前学界所说的商品国际价值。国际价值是国别价值的对称，是在国别价值的基础上形成的国际性一般社会劳动的凝结。商品在国际交换中体现的生产的国际关系的经济范畴。当商品交换变成世界性交换时，各国的社会劳动就转化为世界范围的社会必要劳动，商品的国别价值就转化为国际价值。商品的国际价值和国别价值作为一般人类劳动的凝结物，在本质上是完全相同的，而在量上则是不同的。国别价值量是由该国生产该商品的社会必要劳动时间决定的。国际商品价值量是由世界劳动的平均单位计量而出的。

四、资本主义经济系统或世界经济的整体性危机

价值是从简单商品经济条件下引出的概念，马克思指出：在简单商品交换中就已经蕴藏着危机的可能性。"商品内在的使用价值和价值的对立，私人劳动同时必须表现为直接社会劳动的对立，特殊的具体的劳动同时只是当作抽象的一般的劳动的对立，物的人格化和人格的物化的对立，——这种内

---

① 《马克思恩格斯全集》第44卷，人民出版社2001年版，第645页。
② 《马克思恩格斯全集》第44卷，人民出版社2001年版，第645页。

在的矛盾在商品形态变化的对立中取得了发展了的运动形式。因此，这些形式包含着危机的可能性，但仅仅是可能性。这种可能性要发展为现实，必须有整整一系列的关系，从简单商品流通的观点来说，这些关系还根本不存在。"①

资本是价值与使用价值的复合体，是商品二重性的高级形式和复杂形式。资本是能带来剩余价值的价值，从商品使用价值和价值的双循环和资本的自组织性可以看到，借助于价值形式的资本运动把商品所蕴藏的可能性的危机现实化了。当资本主义发展起来后，这里所说的不存在的关系就具备了条件，经济危机就从可能变成现实。

如果说，价值与使用价值的对立里已经包含着危机的可能性，那么，由于价值的人类社会系统质的整体性特征，随着世界范围内的商品交换，价值规律作用于世界经济，这个危机的可能性就会作用于世界范围内，预示了世界经济危机的可能性。

价值的结构性和平均性、竞争性特征表明，人类全社会存在部门分配比例关系，从价值量看，在一定的时间内，人类全社会整体能够用于生产的时间是有上限的。例如，以一年为限，人类全社会能够全部用于生产的劳动时间是工作日长短、每年的工作天数、劳动人口总数三者的乘积，作为总的劳动时间，这个乘积在不同部门的分配有一个客观的比例关系，也就是客观的时间结构。生产多少与消费多少是相适应的，但是由于在生产与消费之间加入了分配与交换环节，以交换为中介形式，以交换价值从而以价值形式为中介，也就是以货币为中介，就有了分离的可能，就有危机的可能性。

资本是能带来剩余价值的价值，资本运动要通过价值形式来实现，因

---

① 《马克思恩格斯全集》第 44 卷，人民出版社 2001 年版，第 136 页。

此，资本主义经济的演进既体现出一般性规律即价值规律的支配，也体现出特殊规律即剩余价值生产和交换规律的支配。由于全社会的劳动时间分配不是直接的形式，而要经过价值的中间形式，资本主义经济危机表现生产相对过剩、表现为剩余产品与消费不能实现交换，使用价值与价值之间不能实现交换，产品的相对过剩就是劳动的相对过剩，就是人类社会整体用于某个方面的劳动过多、劳动时间过多、时间的相对过剩、时间结构分配的不合理，因此，资本主义经济危机就是结构性危机，也就是系统性危机。

由于价值的竞争性，资本家总是想让自己生产某个个别商品的劳动时间短于同类商品的社会平均必要劳动时间，以获取超额利润。这种资本竞争的需要使得资本不断积累，使生产不断扩大规模，产生生产聚集，而生产聚集所产生的"整体大于部分之和"非线性叠加系统效应，使得生产过程的整体的时间短于分散的时间总和，生产聚集的系统效应加剧了资本主义经济危机。生产方式的聚集，也使得生产工人聚集起来，马克思这里辩证地指明了机器大工业为自己准备了掘墓人："同样很明白，由各种年龄的男女个人组成的结合劳动人员这一事实，尽管在其自发的、野蛮的、资本主义的形式中，也就是在工人为生产过程而存在，不是生产过程为工人而存在的那种形式中是造成毁灭和奴役的祸根，但在适当的条件下，必然会反过来转变成人道的发展的源泉。"[①]

五、共产主义："一门科学"

马克思说："自然科学往后将包括关于人的科学，正像关于人的科学包

---

① 《马克思恩格斯全集》第44卷，人民出版社2001年版，第563页。

含自然科学一样：这将是一门统一的科学。"① 从马克思经济学开山之作的《1844手稿》到成熟之作的《资本论》，从整体中来，又回到整体中去；从社会中来，又回到社会中。《资本论》通过完整的过程分析，进一步展开异化劳动理论思想，像自然科学那样严密而精确地推导出工人、资本家等阶级范畴、阶级结构及其冲突乃至此前社会形态里的阶级，科学地阐明阶级、阶级对立、对抗、阶级斗争的由来以及演变，使经济学真正具有科学性，成为一门科学。阐明人类社会主体系统内部两个主要子系统存在不可克服的结构性矛盾，而且最终会引起人类社会主体系统与自然之间的结构性矛盾。由于系统就是要素加结构，而系统具有整体性，因此，结构性矛盾就是系统性矛盾，结构性危机本质上也就是系统性危机，结构性危机、系统性危机也就是整体性危机。从异化劳动理论到《资本论》，系统分析和系统综合贯穿了马克思经济学研究的全过程，如果说阶级结构的对立研究在异化劳动理论里主要是道德批判，到《资本论》则已经是包含系统范式的科学分析，马克思论述了劳动的二重性和商品二重性如何从二元要素结构到多元要素结构、从简单到复杂、从本质到现象，从一个简单商品系统演化生成复杂系统，由低层次的商品系统耦合进新的因素，生成新的高层次的资本系统，资本就是能带来剩余价值的价值系统。因此，马克思经济学始终贯穿着现代系统范式。

如果说《资本论》具体考察了由机器大工业、资本主义制度、发达的市场关系所组成的资本主义经济系统，那么，可以说人和人的关系、人与物的关系、生产方式三者所组成的整体构成了一般意义上的经济系统，同样是马克思的研究对象。《资本论》对资本主义经济系统的批判性研究发现了一小部分人可以自由地活动，不事生产，就可以再生产自身和再生产家人，因为

---

① 《马克思恩格斯全集》第3卷，人民出版社2002年版，第308页。

他能不劳而获，把本该自己劳动转嫁到了别人头上，这就是剥削。马克思指出，雇佣劳动是最后一个剥削形式的劳动，消灭了剥削性质的雇佣劳动后，仍然存在生存性质的劳动。也就是说，马克思在发现资本主义社会运动规律、资本主义经济系统演化规律的同时，也发现了人类社会运动规律、人类社会主体系统演化的规律。

我们联系马克思对资本主义经济起源时的论述可以看到，马克思的论述实际上还揭示了：资本主义社会运动规律只是人类社会发展规律的特殊表现。而资本主义社会"一般利润率日益下降的趋势，只是劳动的社会生产力的日益发展在资本主义生产方式下所特有的表现。这并不是说利润率不能由于别的原因而暂时下降，而是根据资本主义生产方式的本质证明了一种不言而喻的必然性：在资本主义生产方式的发展中，一般的平均的剩余价值率必然表现为不断下降的一般利润率。因为所使用的活劳动的量，同它所推动的对象化劳动的量相比，同生产中消费掉的生产资料的量相比，不断减少，所以，这种活劳动中对象化为剩余价值的无酬部分同所使用的总资本的价值相比，也必然不断减少。而剩余价值量和所使用的总资本价值的比率就是利润率，因而利润率必然不断下降。"[①]

可见，在资本主义生产方式或资本主义经济系统结束后，仍然存在着劳动的社会生产力在人类社会运动中的作用。资本主义生产方式或资本主义经济系统只是人类社会生产的一个长期的历史形式、中间形式，因为在此之前的原始社会里物质性生产的劳动量不表现为价值形式，当物质性生产的劳动量再次不表现为价值形式，也不表现为资本主义生产方式时，劳动量不再表现为价值形式这个中间形式，而直接回到时间形式，仍然要表现为时间形

---

① 《马克思恩格斯全集》第46卷，人民出版社2003年版，第237页。

式。人类只有不断压缩为了生存而不得不进行的劳动量,才能越来越自由。一方面要不断压缩用于生存的必要劳动的时间,而另一方面要不断地增加用于生存和发展的物质财富,这就需要不断地提高劳动生产率,不断地提高单位时间内劳动的产出投入比。当人类不再受到价值规律和资本主义社会发展规律等特殊规律的支配,开始真正受自然规律支配,人类才进入自由王国。"事实上,自由王国只是在必要性和外在目的规定要做的劳动终止的地方才开始;因而按照事物的本性来说,它存在于真正物质生产领域的彼岸。……这个自然必然性的王国会随着人的发展而扩大,因为需要会扩大;但是,满足这种需要的生产力同时也会扩大。这个领域内的自由只能是:社会化的人,联合起来的生产者,将合理地调节他们和自然之间的物质变换,把它置于他们的共同控制之下,而不让它作为一种盲目的力量来统治自己;靠消耗最小的力量,在最无愧于和最适合于他们的人类本性的条件下来进行这种物质变换"①,"这个自由王国只有建立在必然王国的基础上,才能繁荣起来,工作日的缩短是根本条件"②。可见,共产主义是用最小的力量实现人与自然之间的新陈代谢,实现人—自然系统目标最优,这里的人不是一部分人,而是整个人类。这才是真正意义上的人与资源的最优配置,是为了实现人的自由发展而进行的人与资源的最优配置。

---

① 注:这里的物质变换即新陈代谢。
② 《马克思恩格斯全集》第46卷,人民出版社2003年版,第928页。

第八章 超循环论视野下的马克思经济学数理化研究

主流经济学大量运用数学工具,以致认为没有数学的经济学就是不科学的。认为马克思经济学没有数学或者不能数学化、数理化,以此认为马克思经济学不是科学。为了回应西方主流经济学的挑战,部分学者大体围绕着以下几个问题展开了马克思经济学的数理化研究:劳动价值论、价值转形问题、马克思经济增长理论模型。其中,有的问题由国外学者提出并做了一定研究,而中国学者继续研究,也有的问题由中国学者率先提出。

第一节 有关研究

一、劳动价值论的数理化研究

张薰华、吴易风、程恩富、马艳、白暴力、孟捷、蔡继明、林岗、冯金华、张忠任等中国学者和美国圣塔菲研究所（Santa Fe Institute）①学者福利（Dunkan K. Foley）等国外学者先后专题研究并初步建立了劳动价值理论模型，在此基础上做了生产函数的定量研究，探讨了劳动生产率与商品价值之间的变动关系，货币公式以及价格变动模型等。②

张忠任探讨了马克思经济学数理化的必要性、可能性。他指出："与马克思经济学相关的数学方法，主要是统计学和线性代数。而就统计学来说，则主要是所谓'大数定律'的思想。整个劳动价值论可以说就是建立在大数定律之上。"③

张薰华把社会必要劳动时间的两个含义数学化了。一个含义是指全社会中用于某个部门的劳动时间，另一个是指这个部门内单个产品的社会价值，是所有生产同类产品的平均劳动时间。

"现设在同一质量条件下，生产某种使用价值 n 件，每件耗费的劳动时间为 $t_1, t_2, \cdots, t_n$。这里每一个 t 的计量单位（如工时）都以简单劳动为基础。社会必要劳动时间就是 t_i（$i = 1, 2, \cdots, n$）的算术平均数 $\bar{t}$，即

$$\bar{t} = \frac{t_1 + t_2 + \cdots + t_n}{n} \text{ 或 } \bar{t} = \frac{\sum t}{n}$$

就是说，决定单位商品价值量的只是平均必要劳动 $\bar{t}$，而不是任一个别劳动 t_i。每一个个别劳动 t_i 都要折合为 $\bar{t}$ 才能形成社会价值；或者说，每一个个别劳动 t_i 只能形成个别价值（设为 w_i），社会价值 $\bar{w}$ 是个别价值（w_i

---

① 该研究所成立于1984年，位于美国新墨西哥州圣塔菲市，是世界知名的复杂性科学研究中心，主要研究方向是复杂系统科学。
② 薛宇峰做了部分梳理。（见薛宇峰：《劳动价值论"新解释"的批判》，中华外国经济学说研究会第19次年会暨外国经济学说与国内外经济发展新格局论文，2011年10月）
③ 张忠任：《政治经济学数理化的界限与问题》，首届中国政治经济学年会会议论文，2007年9月。

）的平均数，即

$$\bar{w} = \frac{w_1 + w_2 + \cdots + w_n}{n} \text{ 或 } \bar{w} = \frac{\sum w}{n}$$

每一个个别价值 w_i 都要折合为社会价值 $\bar{w}$。也就是说，'商品中包含的劳动量要代表社会必要的劳动，因而，商品的个别价值……要同它的社会价值相一致'"。①

在张薰华研究基础上，马艳、程恩富的劳动价值论模型对生产函数问题进行了定量研究，探讨了劳动生产率与商品价值之间的变动关系、货币公式以及价格公式。② 提出：

单位商品价值量 v = 一定劳动时间（T）/使用价值量（Q）= 1/劳动生产率（P）

林岗对张薰华的研究作了补充。他区分了两种含义的社会必要劳动时间，并用数学表达出来，他把个别价值（也就是个别劳动时间）与社会价值（社会必要劳动时间）的区别用价值系数转换表达出来。这比张薰华的研究前进了一步。

他的数学表述是："第一种含义的社会必要劳动：价值决定的基础。如果在某种商品的生产部门中有 n 个生产者，他们生产一单位该种商品所耗费的个别劳动时间分别为 l_i（$i = 1, 2, \cdots, n$），他们的产量分别为 q_i（$i = 1, 2, \cdots, n$），这个决定商品价值的平均数（用 v 表示）就是：

$$v = \frac{\sum l_i \times q_i}{\sum q_i}$$

这个公式表明，单位商品的价值等于同一生产部门中不同生产者的个别

---

① 张薰华:《经济规律与平均数规律》，载《上海社会科学院学术季刊》，1987年第1期。
② 马艳、程恩富:《马克思"商品价值量与劳动生产率变动规律"新探——对劳动价值论的一种发展》，载《财经研究》，2002年第10期。

劳动时间的加权平均数。换句话说，决定商品价值的社会必要劳动时间，也就是部门的平均劳动时间。

用价值转换系数即个别劳动时间与社会平均劳动时间之比来描述：$z_i = \dfrac{v}{l_i}$ 对于高、中、低三类生产条件来说，分别有 $z_i > 1$，$z_i = 1$ 和 $z_i < 1$。用价值转换系数乘以生产者的个别劳动耗费，就得到由市场平均化过程决定的其产品的社会价值。

第二种含义的社会必要劳动是指为了满足整个社会对某种商品的一定数量的需要，所必须花费在该商品的生产上的劳动总量。第二种含义的社会必要劳动时间可以用下式来定义：$V = v \cdot Q_d$。其中，V 表示第二种含义的社会必要劳动时间；v 为第一种含义的社会必要劳动时间，即生产一单位某种产品的社会平均劳动耗费；Q_d 为社会对该种产品的需要量。v 取决于一定时期社会平均的生产条件。如果 v 已定，则第二种含义的社会必要劳动时间 V，显然取决于社会需要量 Q_d。"①

马艳归纳了马克思劳动价值论的基本假定条件，并根据这些假定条件构建了劳动价值论的数理模型②；她还根据现时代经济发展变化的现实，改变了劳动价值论的一些约束条件，并在新的约束条件下重新构建了劳动价值理论模型，进而探讨了技术进步条件下的动态模型，建立了短期价值函数和长期价值函数。她认为：

抽象劳动是价值的内在因素，价值生产函数可以表达为：

$$W = \vartheta(L_a)$$

---

① 林岗：《关于社会必要劳动时间以及劳动生产率与价值量关系问题的探讨》，载《教学与研究》，2005 年第 7 期。
② 马艳：《马克思劳动价值理论的数理表达与创新——兼析马克思主义价值生产模型与西方使用价值生产模型的沟通》，载《上海财经大学学报》，2008 年第 2 期。

具体劳动是使用价值的内在变化因素，使用价值总量函数可以表达为：

$$Q = \vartheta(L_b)$$

其中，W 为社会总价值；Q 为社会总产量（使用价值总量）；L_a 为抽象劳动；L_b 为具体劳动。

由于没有用一个统一的函数来表达劳动价值二重性，马艳在后续对马克思剩余价值理论的数学方法研究时，具体劳动与使用价值的关系反映不出来，只好局限于价值的数学形式方面。①

冯金华提出，设某一行业在生产过程中使用的必要劳动（简称"劳动"）为 L，生产资料（简称"资本"）为 K，生产的产量为 Q。该行业所生产的全部产品的价值总量 $Z = L + cQ$，而每个产品的价值量 $z = \dfrac{Z}{Q} = \dfrac{L+cQ}{Q} = \dfrac{L}{Q} + c$，$L$ 代表生产过程中新创造的价值部分，cQ 代表从所消耗的生产资料中转移过来的价值部分。以此看成是马克思劳动价值理论关于价值决定的基本公式。②

最为完整地体现劳动价值含义的是吴易风、王健的研究，需要特别加以注意，特别是用复合函数考虑多重影响生产的因素。

$$Q = f(g(L(r_1(t)), K(r_2(t)), r_3), r_4(t))$$

"式中 L 代表劳动力数量，K 代表生产资料数量，$r_1(t)$ 为对劳动者熟练程度的度量，劳动者熟练程度越高，生产等量的产品所需的活劳动就越少，$r_2(t)$ 表述了生产资料的效能和自然条件的状况；r_3 为规模收益系数，说明生产规模改变对产量的影响；$r_4(t)$ 说明生产过程的社会结合程度和经济组织效

---

① 马艳：《马克思剩余价值理论的数理表达与创新》，载《财经研究》，2007 年第 7 期。
② 冯金华：《马克思劳动价值论的数学原理》，载《财经科学》，2006 年第 8 期。

能的改善如何发挥生产要素的潜能,以提高产出效应。"①

上述研究中,$L(r_1(t))$ 表明把劳动力还原成时间,与劳动力商品的价值规定的定性是一致的。$K(r_2(t))$ 表明把生产资料数量也还原为劳动时间,这一点是有一定问题的。并不是所有的生产资料都能还原为劳动时间,例如,像原始状态的土地这样的生产资料是不能被还原为劳动时间的,没有人的劳动加入;或者更严谨地说,这样的生产资料不是劳动时间的函数。简化成 $Q = f(g(L, K, r_3), r_4)$ 看,四个变量是否是独立变量,也值得商榷。

许光伟提出新的价值创造公式:$V = V[P(L)]$,式中,V 代表总体意义的价值或一般抽象价值,P 代表具体形式的社会生产条件或生产方式,L 代表抽象人类劳动或劳动方式。②

从以上学者的研究看,劳动价值理论里的数学方法,多使用线性函数关系,吴易风的研究能用复合函数考虑多重影响生产的因素,相当完整地体现了劳动价值的含义。许光伟的研究局部延续了这种研究。但他定义价值量为:$V_q = V_t \cdot t$,式中,V_q 代表单位商品价值量,V_t 代表单位时间价值量——也就是实现在单位商品中的劳动量。冯金华与许光伟的研究均没有把价值的劳动时间的社会必要平均性质体现出来,很明显没有吸收张薰华和吴易风的研究成果。而且冯金华的研究有一个明显的错误:就是对商品生产过程中的价值少计入一项,没有计入剩余劳动从而没有计入剩余价值。而马艳的研究虽然注意到了马克思所说劳动二重性并不是两次劳动也不是两种劳动,因此,应该用一个函数表达,但她没有解决这个问题,仍然把价值与抽象劳动、使用价值与具体劳动分成两个函数。

---

① 吴易风、王健:《论以劳动价值论为基础的生产函数》,载《中国社会科学》,1994 年第 1 期。

② 许光伟:《劳动价值论的数学与模型分析》,载《当代经济科学》,2008 年第 2 期。

二、价值转形问题的数理化研究

部分学者应用线性方程组联立求解价值转形问题。

1960年斯拉法（Piero Sraffa）、1977年斯蒂德曼（Ian Steedman）在《按照斯拉法思想研究马克思》中用实物量关系体系补充和综合马克思劳动价值论，可是却得出了劳动价值论多余、认识转型是无中生有这样的结论。

1973年日本学者森岛通夫（Michio Morishima）提出了所谓的"基本马克思主义定理"，即：对工人的剥削相当于均衡状态下的一种正的利润率。但是森岛的模型不是一个均衡的模型。

一些西方学者由此得出了与马克思相反的、错误的结论，受到了中外学者的反驳与批评。丁堡骏对斯蒂德曼的理论模型作了批评，指出"这个错误思想流传面广、影响大"[1]。杨志、白暴力、余斌、张忠任等中国学者都对斯蒂德曼的模型提出了批评。美国学者克里斯·哈曼（Chris Harman）对斯蒂德曼等关于转型问题的批评最简明。他指出："他们的联立方程错误在于它们没有考虑成本的时间性，把成本用在了发生过程的整个时间，一个古老的谚语说：'不能用明天的砖头建今天的房子。'生产率的提高有可能在一年内降低购买机器的成本，但不能减少资本家在今天为购买机器而支出的金额。"[2]

白暴力提出：马克思"不止一次地想计算出作为这些不规则曲线的升和降，并曾想用数学的方式得出危机的主要规律"。他认为，在对马克思经济

---

[1] 丁堡骏：《驳斯蒂德曼——按照马克思思想研究斯拉法》，载《税务与经济》，2003年第1期。
[2] [美] 克里斯·哈曼：《利润率和世界的今天》，载《国外理论动态》，2008年第10期。

学深刻、准确的认识、掌握马克思原意的前提下，建立简单、初步的数学模型，表达马克思的基本观点。① 他先后构造了讨论转型问题的马克思生产价格方程组，白暴力、董宇坤构造了一个马克思价格总水平的价格指数模型②，白暴力运用线性代数解释了马克思生产价格方程组的数学特性③，阐明了两点：有唯一一组利润率和相对生产价格的正实数解，这个解是由生产耗费矩阵所决定的。

三、经济增长理论的数理化研究

山下裕步（Y·Yamashita）、大西广（H·Ohnishi）、吾甫尔（R·Wufuer）借助于新古典解法，建立了马克思最优增长数理模型。雍文远、董晓远、宋则行、李广平、朱殊洋、吴汉龙、冯宗宪等则从不同角度分析了马克思用扩大再生产图式表达的经济增长理论模型。如宋则行通过构建模型的方式重新阐述了马克思的经济增长理论；朱殊洋导入边际分析方法，构建了扩大再生产的连续动态模型，进而分析了动态再生产系统极限环的存在性问题。余永定曾经运用差分方程探讨了用数例描述的马克思再生产图式的一般数学表现形式，张忠任也曾建立了扩大再生产的离散模型，可以说朱殊洋的工作是张忠任等人的继续。徐跃华在均衡条件的基础上运用微分方程替代马克思所使用的代数方程，建立了马克思经济增长动态模型，并分析了马克思均衡的稳定条件。苏联学者则构建了计划经济增长模型。

---

① 董宇坤、喻敏：《数学方法与马克思主义经济学——白暴力教授访谈》，载《国外理论动态》，2005年第4期。
② 白暴力、董宇坤：《马克思主义经济学科中的数学建设》，载《中国特色社会主义研究》，2005年第2期。
③ 白暴力、方凤玲：《马克思生产价格方程组的数学特性》，载《广东社会科学》，2007年第1期。

四、利润理论的数理化研究

约翰·罗默（John Roemer）以置盐信雄和森岛创建的模型为基础，系统地提出了一种资本主义经济的一般均衡模型，并且利用其技术推导出一种必要和充分条件，证明了森岛所谓的"基本马克思主义定理"的正确性，而且，在罗默的模型中，不同企业之间利润率相等是作为一种均衡条件而出现的。罗默认为个人主义和理性选择理论与马克思主义相容，在这样的前提下，他定义马克思主义经济学微观基础为"由很多个人（他们被假定以某些特定的方式行事）行动的结果导出整个社会的总体行为"。罗默不同于其他人的特点，是将马克思的分析和明确的瓦尔拉斯（Léon Walras）的框架综合为一个整体。他引用了传统的新古典的市场机制的特征，将理论表示为在服从初始禀赋的限制下，最大化个人的目标函数的竞争性的决定。

郭迪娜、邹薇认为，以竞争性的劳动力市场为框架，分别构造工人阶级与资本家阶级供求双方的效用函数，按各自效用最大化问题的表述，构造了新古典的一般均衡模型[1]，进而讨论在经济运行过程中，劳资双方的关系及其在收入水平、财富积累等方面的巨大差别。

余斌、丁晓钦从具体计算三个方面对郭迪娜的模型提出了正确的批评，认为郭迪娜的模型是借助数学工具歪曲了马克思主义经济学的原理[2]。余斌认为：马克思主义政治经济学对于数理逻辑的运用不像西方经济学那样频繁，有如下原因：在马克思看来，数学只是辩证的辅助工具和表现方式。从

---

[1] 郭迪娜、邹薇：《马克思剥削与阶级的动态数理分析》，http://zouhengfu.blog.sohu.com/51917568.html? act=1182523837185。

[2] 余斌、丁晓钦：《马克思主义经济学研究中的数学应用问题》，载《学习与探索》，2008年第3期。

而，在运用辩证法能够表明的地方，数学的应用并不十分迫切。尤其是马克思的著作的直接对象是工人阶级，在马克思所处的时代，高等数学工具尚不发达，概率论和统计学技术也不成熟。但这却不影响马克思先运用其身后数十年才发展起来的现代统计学的大数定律，从宏观上肯定商品价格与商品价值相等，把微观分析与宏观分析统一起来，马克思对唯物辩证法的娴熟运用，使得他仅仅用初等的数学工具就能在《资本论》中达到现代西方经济学滥用高等数学所不能达到的高度。但是，数学只是研究的工具，本身也存在一定的不足。用数学形式来实现马克思主义经济学理论创新时，必须坚持一定的前提条件。否则，模型化的过程可能会歪曲马克思主义经济学原理。

五、简要述评

马克思经济学的数理化研究，并不是单向地把马克思经济学翻译成数学的过程，或者说用数学工具来表达，也是反向理解马克思经济学概念的过程。如同文字形式一样，马克思经济学的数理化研究是马克思经济学的另一种理解形式和交流工具。因此，不同数学公式、方程、模型的产生反映了对马克思主义经济学范畴不同的理解。除了以上具体指出的外，目前的马克思经济学的数理化研究似还有下述共性不足。

1. 只反映了价值运动，没有反映出使用价值的运动，没有反映生产力所代表的技术关系的运动。从形式上看，就把经济运动局限于和理解为价值运动，而没有同时理解为使用价值运动。而上述所有研究里所使用的价值从而货币范畴都不是通过交换推导得出的，没有从最基本的内容入手，没有把劳动二重性从而商品二重性放在一个公式里表达出来，这不符合马克思的逻辑次序。一是是因为没有吃透价值含义，二是不少研究对数学工具的选择不当。我们知道，货币在马克思那里是由"20 码麻布 = 1 件上衣"的价值形式变换引出的，可是，上述几乎所有的研究都没有把这个看似文字表达的公式转换成数学方程。

2. 由于上述缘故，数学方法的研究在区分简单商品（市场）经济与资本主义商品（市场）经济的性质时出现了困难。我们知道，资本雇佣劳动或者说劳动力成为商品，是资本主义成立的条件之一，马克思对此是给出了字母符号的，也给出了文字的公式，但这个条件没有用数学形式反映出来。以上不少研究之间比较分散，缺乏内在的联系，前后的研究有脱节的现象。

3. 在数学里，积分方程与微分方程形式不同，但实质一样，是对立统一的，是数学辩证特点的具体体现。从马克思的数学手稿看，马克思站在辩证的角度去理解数学的本质和数学方法，以转型问题为例，马克思是通过剩余价值转型成平均利润，来揭示平均利润率长期下降的趋势，因此，这个趋势应该与时间有关，马克思对此已经作了十分明确的提示，就是把不同有机构成的产业资本看成同一个资本在时间上的运动，用计量经济学的观点看，就是把截面数据看成时间序列数据。可是目前的研究看不到时间因素。马克思的原意明显没有被反映出来。

综上可见，仅仅基于数学之上展开马克思经济学的数理化研究，较难有根本性突破，也不利于今后的完善与发展。数学本身提供不了马克思经济学数理化的假定或前提，需要方法论前提。也就是说，应该把数学的发展特别是 20 世纪的发展与马克思对于数学的本质辩证的理解结合起来，并选择正确的数学工具。

第二节　劳动二重性和商品二重性的复合函数表达

我们可以从"20 码麻布 = 1 件上衣"开始,也就是:从"20 单位的麻布 – 1 个单位的上衣"交换开始。

要在一个函数里同时表达以下三对关系,也就是,要同时满足以下三个条件:使用价值与价值的关系、具体劳动与使用价值的关系、价值与时间的关系。解决办法是使用复合函数把三者联结起来,通过求反函数,把价值转换出来。

物就是使用价值,"使用价值是经过形式变化而适合人的需要的自然物质",使用价值是价值的载体,称为使用价值生产函数。记为:$U_m = P_m[V_m]$,U_m 表示某个商品的使用价值,P_m 一般性地表示生产这类商品的具体劳动、技术关系,具体应用时还需要根据实际情况具体确定。U_m 与 V_m 两个变量之间,不表示价值是使用价值的原因,而表示使用价值里包含价值。生产上衣和麻布的使用价值生产函数分别是:$U_衣 = P_衣[V_衣]$,$U_布 = P_布[V_布]$

而价值是由社会必要劳动时间决定的,价值的竞争性和"社会必要"本质,价值量数学化时使用平均形式。函数为:某个商品的价值 V_m 是其社会必要劳动时间 $\bar{t}$ 的函数,表示为:$V_m = V_m(\bar{t})$,称为时间价值函数。这里的 $\bar{t} = \dfrac{t_1 + t_2 + \cdots + t_n}{n}$

把以上两个函数联立,故有复合函数:$U_m = P_m[V_m(\bar{t})]$。这个复合函数表示使用价值(也就是物)U_m 通过具体劳动或者说生产技术关系 P_m 传递与价值 V_m、进而与时间 $\bar{t}$ 的函数关系。生产上衣和麻布的复合函数分别是:$U_衣 =$

$P_{衣}[V_{衣}(\bar{t}_1)]$、$U_{布} = P_{布}[V(\bar{t}_2)]$，其中 $\bar{t}_1$、$\bar{t}_2$ 分别表示生产上衣和麻布的个别劳动时间转化为各自的价值。

由于商品是按照价值相等的原则进行交换，"20 码麻布 = 1 件上衣"是两个价值相等，即 $V_{衣}(\bar{t}_1) = cV_{布}(\bar{t}_2)$，其中，$c$ 为系数，$c = 20$。因为不同的使用价值不能直接相等，因此，复合函数不能直接相等。为此，要把使用价值生产函数转换成可通约和比较的量即价值，需要做反函数。由于价值仅与时间有关，它的量纲是时间，时间可以通约，则价值也可以通约。价值质相同或价值的"量纲"相符，数量上才能比较、才能相等、才能相加。用反函数转换成价值关于使用价值的函数，对复合函数求反函数，使价值变成关于使用价值的函数。某个商品 m 的使用价值生产函数的反函数是：$V_m(\bar{t}) = P_m^{-1}(U_m)$。上衣和麻布的使用价值生产函数的反函数分别是：$V_{衣}(\bar{t}_1) = P_{衣}^{-1}(U_{衣})$，$V_{布}(\bar{t}_2) = P_{布}^{-1}(U_{布})$。$P_{衣}^{-1}$，$P_{布}^{-1}$ 是反函数形式，这只是数学形式的变换，不会改变 $P_{衣}$、$P_{布}$ 的生产性质，仍然代表着生产上衣和麻布的具体劳动、生产技术关系。这两个等式表示：左边的时间价值函数与右边的使用价值生产函数的反函数、两个不同的函数形式是同一的，表示出商品的二重性，即：同一个商品可以从价值和使用价值两个角度去看待。

一个商品的使用价值是另一个商品的价值的表现形式：

由 $V_{衣}(\bar{t}_1) = cV_{布}(\bar{t}_2)$ 可得：$P_{衣}^{-1}(U_{衣}) = V_{衣}(\bar{t}_1) = cV_{布}(\bar{t}_2) = cP_{布}^{-1}(U_{布})$，$c = 20$

上式表明：两个使用价值在价值相等的条件下相交换，使用价值被"包含"在价值形式里运动，在价值支配下运动。

由此还可以抽取以下等式

$$cV_{布}(\bar{t}_2) = V_{衣}(\bar{t}_1) = P_{衣}^{-1}(U_{衣}) \text{ 或者 } V_{布}(\bar{t}_2) = \frac{1}{c}V_{衣}(\bar{t}_1) = \frac{1}{c}P_{衣}^{-1}(U_{衣})$$

商品麻布的价值通过与商品上衣的价值相等,并进而通过商品上衣的生产反函数与商品上衣的使用价值相联系。由于该式右边是商品上衣的使用价值形式,而左边是商品麻布的价值形式,因此,右边就是等价形式,左边是相对价值形式。右边是看得见摸得着的具体劳动、生产技术关系,左边是隐形的价值。就用数学表达了:"一个商品的使用价值与价值的内部对立,通过两个商品的外部对立表现出来""使用价值成为它的对立面即价值的表现形式""具体劳动成为它的对立面即抽象人类劳动的表现形式"。商品上衣用自己看得见摸得着的物理外观的质与量去表示商品麻布隐含着的社会必要劳动时间量的价值。

以上是在简单商品经济条件下的劳动二重性或商品价值二重性表达。

此外,劳动生产率用同一劳动在单位时间内生产某种产品的数量来表示,那么,使用价值生产函数 $U_m = P_m[V_m(\bar{t})]$ 对生产商品的个别劳动时间求导,就得到个别劳动者用于自己的商品生产的劳动生产率公式:$\dfrac{dU_m}{dt_{m1}} = \dfrac{dP_m}{dV_m} \cdot \dfrac{dV_m(\bar{t})}{dt_{m1}}$,其中 $\dfrac{dP_m}{dV_m}$ 是具体劳动、生产技术关系对价值的导数,因此,一定程度就为有机构成做了数学准备。而 $\dfrac{dV_m(\bar{t})}{dt_{m1}}$ 是关于社会必要劳动时间与个别劳动时间的导数,而如果个别劳动时间小于社会必要劳动时间,而 $\bar{t}$ 与 t_{m1} 又是线性关系,那么 $\dfrac{dV_m(\bar{t})}{dt_{m1}} \geq 1$,就是 $\dfrac{dU_m}{dt_{m1}}$ 与 $\dfrac{dV_m(\bar{t})}{dt_{m1}}$ 成正比。换言之,生产商品的个别劳动时间小于社会必要劳动时间,他的劳动生产率也就高于平均水平。而他却用平均必要劳动时间计算价值,同样多的物理时间里,他能生产出多于平均数的产品,多出来的产品数意味着更多的价值,相等的物理时间里，他获得了更多的价值。这也是前述价值的竞争性"少算多不算"的具体数学表达。

在资本主义经济条件下，劳动力成为商品、资本分为不变资本、可变资本、剩余价值等以后的价值形态的转化形式，都应该使用复合函数。当然，要加很多近似。

第九章 现代系统范式视野下的西方主流经济学范式

马克思经济学与西方经济学①是理论经济学两大分支。西方主流经济学是指以新古典综合派为代表的西方经济学。吴易风主编了《马克思主义经济学与西方经济学比较研究》做了充分比较②,本章另提供一个视角做比较。形而上学的唯心主义是西方经济学的本质,而从现代系统范式角度看,科学与人文的两离既是上述本质的必然表现,也是西方经济思想史演变的结果。由于现代系统范式强调科学和人文的一体,因此,西方经济学中虽不乏一点系统思想,但本质上是排斥现代系统范式的。

---

① 黎诣远回顾了关于"西方经济学"一词的来历。"西方经济学,这是当今中国独一无二的课程名称。1979 年下半年,清华大学在院系调整停办经济系 27 年后成立经济管理工程系,校领导提出:'你们不仅要讲马克思,也要讲凯恩斯。'当时,国内的有关课程叫'资产阶级经济学说'或'外国经济学说'。考虑到前者不利于对外学术交流,后者又包括马克思主义政治经济学,而'西方'在国内通常指资本主义发达国家。可否改为西方经济学呢?我们先后向陈岱孙教授、高鸿业教授请教,他们都表示同意。于是,我们首次将西方经济学课程名称正式列入社会主义大学的教学计划,先在试讲一遍的基础上于 1981 年初编印了符合国情的《西方经济学》讲义。"(见吴易风主编:《马克思主义经济学与西方经济学比较研究》第一卷,中国人民大学出版社 2013 年版,第 141 页)

② 吴易风主编:《马克思主义经济学与西方经济学比较研究》,中国人民大学出版社 2014 年版。

第一节 主流经济学范式的科学哲学特征

与上述西方经济学的本质认识不同,有一种较为普遍和一致的看法认为:科学哲学是西方主流经济学的哲学内核。英国研究经济学方法论的学者布劳格(Mark Blaug)很干脆地提出:西方经济学的经济哲学就是科学哲学在经济学里的分支。[①] 不少中国学者也持这种看法。为此,有必要简要回顾一下科学哲学的历史演变。

一、科学哲学概述

科学主义思潮或者说实证主义思潮出现于19世纪上半叶,20世纪有很大发展。这时,出现了影响很大的哲学流派。尽管存在学派间兴衰更替,但从整个情况来说,在英、美及讲英语的国家里,科学哲学在其中占主导地位。[②]

作为现代西方哲学史上科学主义思潮的一个分支,科学哲学是从哲学角度考察科学的一门学科。它以科学活动和科学理论为研究对象,主要探讨科学的本质、科学知识的获得和检验、科学的逻辑结构等有关科学认识论和科学方法论方面的基本问题。[③] "科学哲学"在英语中可以有两种表达方式:scientific philosophy 和 philosophy of science。虽然它们在汉语中都可以译作

[①] 转引自朱成全:《经济学方法论》,东北财经大学出版2003年版,第5页。
[②] 舒炜光:《科学哲学思潮》,载《浙江大学学报》,1987年第1期。
[③] 《中国大百科全书·哲学卷》,中国大百科全书出版社1987年版,第412页。

"科学哲学",不过还是有区别的。前者指的是"具有科学性质的哲学",后者所说的则是"关于科学的哲学理论",所以亦译作"科学的哲学"。一般所讨论的是"科学哲学",即关于科学的哲学理论,而不是"科学的哲学",不是具有科学属性的哲学,或者说,不是作为一门科学的哲学。这两者的区别反映了科学哲学前后两个阶段关注内容的不同。科学哲学前后两个阶段可以分成波普尔(Karl Popper)哲学之前和波普尔之后。波普尔哲学及其之前的诸流派称作逻辑主义,而波普尔之后的诸流派称作历史主义。在研究对象上,逻辑主义的各流派以各门具体的科学知识作为研究对象,而历史主义的诸流派则以科学史实作为研究对象。①

科学哲学由孔德(Auguste Comte)的实证主义哲学拉开序幕,中间经历了马赫(Ernst Mach)主义、实用主义等阶段,兴起于20世纪20年代以石里克(Friedrich Schlick)、卡尔纳普、亨普尔(Carl Gustav Hempel)、赖辛巴赫(Hans Reichenbach)为代表的维也纳学派的逻辑经验主义(也叫逻辑实证主义),以后经历了如下几个阶段:20世纪40年代后以波普尔、拉卡托斯(Imre Lakatos)和沃金斯(J. Watkins)等为代表的证伪主义或批判理性主义,20世纪50年代末和60年代初以汉森(Norwood Russell Hanson)、托马斯·库恩、费耶阿本德(Paul Feyerabend)和图尔明(Stephen Edelston Toulmin)等为代表的历史主义,70年代以夏皮尔(Dudley Shapere)、普特南(Hilary Whitehall Putnam)、克里普克(Saul Aaron Kripke)、塞拉斯(Roy Wood Sellars)、邦格(Mario Bunge)等为代表的科学实在论,90年代末范·弗拉森(Bas van Fraassen)为代表的反实在论等。

科学哲学的兴起与发展与20世纪初自然科学革命特别是物理学和数学

---

① 刘放桐等编著:《现代西方哲学》,人民出版社1990年版,第788页。

革命密切相关。科学哲学兴起于 20 世纪 20 年代的逻辑经验主义，而逻辑经验主义兴起于维也纳学派。维也纳学派以马赫、彭加勒（Jules Henri Poincaré）为思想先驱，借助于当时物理学革命的推动，由弗雷格（Friedrich Ludwig Gottlob Frege）、罗素（Bertrand Arthur William Russell）和维特根斯坦（Ludwig Josef Johann Wittgenstein）等人开创。马赫本人是物理学家，彭加勒是物理学家、数学家，他们的思想是影响爱因斯坦创立相对论的重要因素之一。罗素提出的罗素悖论，暴露了数学集合论的重大缺陷，从而暴露了数学基础的重大缺陷，引发了数学史上的第三次大危机，成为数学革命的重要推动力之一。而石里克师从量子论开创者普朗克（Max Karl Ernst Ludwig Planck）取得物理学博士学位后，转向科学哲学的研究。卡尔纳普早年也获得过物理学博士，是以物理学家的身份转向哲学的。

作为第一个完整的科学哲学体系，以维也纳学派为中心的逻辑经验主义运动，以可证实性原则作为意义标准来排除形而上学，把科学哲学归结为以数理逻辑的方法对科学理论的结构作静态的逻辑分析，并致力于逻辑重建，在数十年内成为科学哲学中公认的正统观点。

20 世纪 40 年代后，科学哲学在批评和反对逻辑经验主义的过程中得到进一步发展，进入了证伪主义阶段。波普尔提出批判理性主义，反对建立在归纳主义方法论基础上的可证实性原则，代之以可证伪性原则，提出以知识增长的动态模式为研究中心，认为科学进步的主要机制是批判，但仍致力于追求普遍有效的方法论原则。除波普尔外，这一阶段的代表哲学还有拉卡托斯的精致证伪主义等。

20 世纪 50 年代末和 60 年代初以汉森、托·库恩、费耶阿本德和图尔明等为代表的历史主义，既批评了逻辑经验主义的根本缺陷，也批评了批判理性主义的缺陷。在历史主义看来，逻辑经验主义严格区分发现的范围和辩护的范围，单纯研究科学活动的成果——科学理论，置科学活动也就是科学实践的研究于不顾，不符合科学的历史和实际。而批判理性主义用可证伪性为分界标准，完全否认归纳的作用，并提倡不断革命，否认了科学传统及发展中的连续性等，也难以与科学实际相一致。因此需要从科学发展的历史与逻辑的统一去发展科学哲学。历史主义的产生，形成了对逻辑经验主义的最大冲击，标志着现代科学哲学从逻辑主义转向历史主义的发展趋势。

科学哲学的历史主义转向，还暴露了逻辑经验主义、批判理性主义的反实证主义趋向，这样就使实在论再次成为争论的热点。争论的分歧点主要在于，科学理论的对象是否独立于对它们的认识而客观存在和起作用？科学能否向我们提供关于客观世界的认识？科学理论的目的是否是揭示自然界的本质，即获得真理？科学实在论围绕科学、实在、真理三个主要概念展开，由此出现了以夏皮尔、普特南、克里普克、W. 塞拉斯、邦格等为代表的科学实在论。

以劳丹（Larry Laudan）、范·弗拉森、日本黑崎宏等的反实在论为代表，科学哲学从"正统"走向"修正"，影响着科学实在论而且促成了科学哲学的第三条道路——后现代科学哲学。[1] 范·弗拉森提出了构造经验主义的反实在论纲领来作为逻辑经验主义反实在论和科学实在论的替代方案，既反对逻辑经验主义对科学语言的方法论诠释，坚持按本体论诠释科学语言；又反对科学实在论在真理、实在和科学目的等问题上的预设主义立场，认为科学的中心目的就是理论与经验相符合。

---

[1] 郑祥福：《范·弗拉森与后现代科学哲学》，载《哲学研究》，1995 年第 3 期。

二、主流经济学范式的科学哲学特征

科学哲学兴起的 20 世纪 30 年代这一时期,自然科学特别是现代物理学两大革命,除了对科学哲学的兴起产生重大影响而外,对其他人文社会科学也产生了重大影响。主流经济学如果能在新的理论环境下证明自己与现代自然科学原则上的一致,那么,自身的正统地位将进一步得到巩固,因此,主流经济学转向同一时期的科学哲学,把科学哲学作为自己与科学之间的桥梁,为自己做哲学论证,有着内在的必然。

20 世纪 70 年代以来,主流经济学范式研究进入一个热潮。科学哲学是西方主流经济学范式的内涵和本质特征,成为流行的看法,对此的研究也比较多。英国学者布劳格在回顾主流经济学范式的历史时指出:"在 20 世纪 50 年代,经济学家是从波普尔那儿学习方法论的。但读波普尔的经济学家为数不多,不过,他们读弗里德曼(Milton Friedman),也许他们当中少数人已经意识到了,弗里德曼的思想不过是波普尔理论应用于经济学的变形","如果理论可以推导出可证伪的预言的话,那么不现实的'假设'并不值得担心"。[①]

国内不少学者也认为主流经济学范式具有科学哲学特征,有的学者做了更加广泛而深入的专题研究,从历史、理论、机理、绩效等方面论证了科学哲学及西方经济学的基本演进之间的影响和关联的真实性,把主流经济学的科学哲学范式特征扩大和应用到了整个西方经济学范围,认为科学哲学构成西方经济学方法论的深层本体论、认识论、知识论基础和思想意义背景,两

---

① [美]丹尼尔·豪斯曼:《经济学的哲学》,丁建峰译,上海人民出版社 2007 年版,第 309 页。

者之间存在着内在一致性和方法论关联,两者演化有着逻辑上的对应关系的结论。具体地说,古代希腊哲学与西方古代经济的同步和一体化的存在,中世纪《圣经》和经院哲学中的价值理论与伦理主义经济思想,近代经验论和唯理论对古典经济学的影响,逻辑实证主义与新古典经济学的思想方法论关联,进入到现代经济学后,波普尔证伪主义对于现代货币主义的影响,拉卡托斯的科学研究纲领方法论与凯恩斯(John Maynard Keynes)主义和《通论》发展演化在方法论和框架上的相关和吻合,科学哲学历史学派与当代新制度学派思想上的一致性,科学哲学的后现代主义与现代新自由主义经济学和博弈论的思想关联和相通,"经济人"假说三次转向的科学哲学含义,库恩历史学派范式论对于干预主义与自由主义的思想背景意义。①

而有的学者则用逻辑开放—逻辑保守—逻辑开放的演进关系,来概括主流经济学范式的科学哲学特征。韩永进提出,从古希腊自然哲学的方法论发展到以笛卡尔(Rene Descartes)、培根(Francis Bacon)、伽利略(Galileo Galilei)、牛顿、莱布尼茨(Gottfried Wilhelm Leibniz)、康德(Immanuel Kant)等与科学密切联系的哲学方法,这种哲学方法的核心是倡导一种开放的和创造性的哲学思维,方法论研究主要集中在从自然界发现真理性认识,而不是为真理性认识的存在而辩护。哲学推动科学从宗教中分化出来,使科学建立了公理化体系后,为了适应科学发展的新形势,哲学思维从方法上转向逻辑保守和封闭的、防护性的思维方式。以实证主义为代表,哲学用假说、命题、可检验性、模型、可重复性、可证实的概率等较为重要的分析概念转向了对科学逻辑的分析,经济学借鉴了哲学上的逻辑保守的思维方法,为自己做逻辑防护性论证,以西尼尔(Nassau William Senior)、穆勒父子

---

① 杨建飞:《科学哲学与西方经济学思想发展演化的关系——西方经济学方法论认知基础和思想背景的一种分析框架》博士论文,中国知网,2004年。

（James Stuart Mill and John Stuart Mill）、内维尔·凯恩斯（John Neville Keynes）、凯尔恩斯（John Elliott Cairnes）为代表对经济学的科学性、经济人概念、心理因素等问题作了详细论证和深入分析。罗宾斯（Lionel Robbins）较早引用现代逻辑语言分析经济学方法论，使逻辑经验主义的分析方法进入了经济学的理论分析，影响了经济学的数量分析和数据检验方法。波普尔的证伪主义使归纳这一科学发现的逻辑受到了否定性批判，使哲学上的逻辑保守方法论发展到一个高峰。自1938年托伦斯·哈奇森（Terence Wilmot Hutchison）将波普尔的证伪主义方法论思想引入经济学的方法论研究后，可证伪性与经济学的内在科学逻辑分析，经济学的科学性和开放性等问题成为经济学方法论研究的重点，并引发了萨缪尔森（Paul A. Samuelson）和弗里德曼长达十年的方法论之争，使经济学的逻辑保守方法也达到了一次重要高峰。历史主义的出现打破了哲学的纯逻辑分析，把科学封闭在一种纯逻辑框架中的哲学分析也不适合科学本身的发展，科学开始冲破逻辑保守的框架，再次进入了逻辑开放。历史主义通过科学发展的建构模式，提出了范式、常规科学、科学革命、科学研究纲领、反对理性方法等重要观点，来扩展科学思维的方法张力，其实质就是要打破自培根以来形成的科学发现的逻辑模式。[①]

由上可见，虽然不同的学者看法和解释有所不同，但在主流经济学方法论的科学哲学特征上看法是一致的。不过，在我看来，把科学哲学认作西方主流经济学范式，这只是从哲学的角度、从外部说明其特征，这样做还是不够的。这是因为，科学哲学首先是哲学理论，是现代西方哲学的分支，与主流经济学同属人文社会科学，两者基本上处于同一时代，可以说各自沿着本身的逻辑发展。科学哲学更像是事后登场对主流经济学的辩护，他们的逻辑

---

① 韩永进：《西方经济学方法论——科学哲学方法论与经济学方法论变革研究》，中国经济出版社2000年版。

关系可以说是逻辑论证的需要,科学哲学并不是一开始就完全被自觉地应用于西方主流经济学的研究。这一点,从布劳格对主流经济学方法论的矛盾态度就可以看出。如上所述,他一方面认为科学哲学是西方主流经济学方法论特征,而另一方面抱怨说:"虽然主流经济学者赞同证伪主义,但并没有付诸行动。"① 因此,为了能更好地说明西方主流经济学方法论的特征,还有必要把它放到西方经济学思想史的大背景下,从内部、从它自身的演变加以认识和说明。

第二节 主流经济学范式科学与人文的两离

一、两离的历史演变

范式即方法论,包括西方主流经济学方法论在内的西方经济学方法论史与西方经济思想史是密不可分的,两者的演变、发展有着内在的一致性。例如,熊彼特就不把自己的《经济分析史》看作纯粹的经济思想史,而是把它看作经济学发展的认识工具,也就是经济学方法论。②

由于方法论史与思想史的内在一致性,有的做法按照范式对西方经济思想史做如下分期:第一个时期为前经济学范式时期,从古希腊罗马时期的经济思想到16世纪重商学派经济思想,第二个时期为古典经济学范式时期,时间上从17世纪至19世纪20年代,这一时期分成古典经济学范式形成时期

---

① 亓学太:《当代西方经济学方法论的演进与评介》,载《社会科学战线》,2006年第3期。
② [美]熊彼特:《经济分析史》,朱泱译,商务印书馆1996年版,第4页。

和古典经济学范式常规发展时期,前者包括重农学派和英国古典经济学的威廉·配第(William Petty)、亚当·斯密等范式时期,后者包括李嘉图(David Ricardo)学派、萨伊(Jean Baptiste Say)、马尔萨斯(Thomas Robert Malthus)、穆勒等庸俗经济学、德国旧历史学派等范式时期。第三个时期为现代经济学范式时期,时间上从1870年到现在。其中,这一时期又分成现代经济学范式形成时期和现代经济学范式常规发展时期。前者的时间从19世纪70年代至20世纪30年代,包括德国新历史学派、奥地利边际效用学派、马歇尔(Alfred Marshall)新古典学派、凯恩斯主义等范式时期,后者包括美国制度学派等后凯恩斯主义的诸多学派范式时期。[1]

以上按范式对经济思想史分期,为认识经济学方法论的转向提供了线索。提供西方经济学方法论史的背景,目的是为揭示西方主流经济学方法论的内在矛盾,不是本节的重点,限于篇幅,鉴于方法论史已有相当多高水准的研究,这里只是有针对性地从方法论史上大的论争入手,比较简明地揭示西方主流经济学的内在矛盾。

西方经济学方法论史上出现过三次大的论争:第一次是归纳主义与演绎主义之争,第二次是实证主义与规范主义之争,第三次是个体主义与整体主义之争。第一次的归纳主义与演绎主义之争又包括两次,一次是18世纪末古典经济学时期马尔萨斯的归纳主义与李嘉图的演绎主义之争,另一次是19世纪70年代现代经济学范式形成时期德国历史学派历史归纳主义与奥地利学派抽象演绎主义之争。第二次实证主义与规范主义之争,发端于第三次个体主义与整体主义之争的个量分析与总量分析的争论。[2]

---

[1] 马涛:《经济思想史教程》,复旦大学出版社2002年版。
[2] 曹均伟、李凌:《经济学方法论的三大哲学论战》,载《上海财经大学学报》,2007年第3期。

这里需要特别关注的是德国新历史学派历史归纳主义与奥地利学派抽象演绎主义之争，它在方法论史上是一次重要的承前启后之争，对于认识西方主流经济学方法论的内在矛盾有很好的启示作用。这一论争发生于19世纪70年代，这一时期，马克思经济学、西方主流经济学、西方非主流经济学三分的势头出现。以1867年《资本论》第一卷出版为标志，马克思经济学体系建立，马克思经济学与西方经济学开始分流。而在西方经济学内部，这一时期也是古典经济学范式时期与现代经济学范式时期的分水岭。1871年杰文斯（William Stanley Jevons）的《政治经济学理论》出版，宣告以数学为分析工具的数理学派即洛桑学派的兴起，同年，门格尔（Carl Menger）《国民经济学原理》的出版，宣告了以心理分析为基础的心理学派即奥地利学派的兴起。边际效用这两大学派的兴起引起了所谓的边际革命，为后来马歇尔新古典经济学的大综合作了准备。1871年德国社会政策学会的成立，标志着德国由旧历史学派向新历史学派的转变，由此爆发了经济学方法论史上具有空前影响的激烈论战——历史归纳主义与抽象演绎主义之战。

1843年，差不多与马克思转向经济学研究同时，威廉·罗雪尔（Wilhelm Georg Friedrich Roscher）出版了被称为是"历史学派宣言"的《历史方法的国民经济学讲义大纲》。在这部著作中，威廉·罗雪尔第一个把萨维尼（Friedrich Carl von Savigny）在法学研究中的历史方法运用到政治经济学中来，为德国历史学派经济学奠定了基础。罗雪尔的历史方法在补充和完善李嘉图经济学范式的基础上，强调了"记述事物本身发展的过程"，而不是指出事物的理想状态应该是怎样的；注重实证而不是规范研究，这已经露出了历史主义并不必然导致规范和伦理研究的苗头。德国新历史学派即讲坛社会主义者崛起后，一方面施穆勒（Gustav von Schmoller）等与外部的奥地利学派展开了激烈的论争，另一方面，更加值得注意的是随后韦伯（Max Weber）

和桑巴特（Werner Sombart）从内部的批判，促使了历史学派理论上的解体。韦伯批判施穆勒将伦理道德和经济借科学的名义混合在一起，用道德和法律来挽救经济生活中由于利己心所带来的弊端，这是在科学中渗进了价值判断。他主张在社会科学中应该将经验的认识与价值判断加以区分。可见，韦伯思想的内部转向已经表现出了后来实证与规范、事实与价值判断对立、割裂的萌芽。历史主义与抽象演绎主义之争，不是以两者的对立统一来解决，而是由实证与规范之争的转向作了替代。后来实证与规范也不是以对立统一的方式解决，同样是以形而上的方式解决的，就是说，上帝的归上帝、恺撒的归恺撒。问题只是转了方向，并没有被彻底克服。当波普尔从归纳问题入手激烈地否定归纳作用时，经济学很自然地接纳了。可是，这种矛盾也为历史学派的后继者瑞典学派、美国制度经济学预留了空间，换句话说，历史学派虽然解体了，而历史主义的方法并没有消失，原因正在于此。

归纳以占有尽可能多的事实为前提，需要从大量的"是什么"出发，因此，实证与归纳有着密切的关系。而规范与演绎有着密切的关系，演绎是从大前提出发，而大前提往往不言自明。历史主义与抽象演绎主义之争是对归纳主义与演绎主义之争的沿袭，也开启了实证主义与规范主义之争，也是经济学研究对象之争的反映。当时的德国刚开始进入资本主义工业化时期，国家尚未统一，民族资本还很弱小，垄断资本尚未形成，德国的民族资本对抗英国资本，需要理论论证和支持。在理论上就体现为以李斯特的国家主义对抗基于亚当·斯密自由主义的世界主义，德国历史学派把国家或者民族作为经济活动的主体并作为经济学研究对象具有必然性，国家主义与世界主义之争是资本民族主义与资本个人自由主义之争。与个人相比，民族是一个整体概念，历史主义把国家作为经济学对象，而抽象演绎主义把个人作为经济学对象，也为个体主义与整体主义之争埋下了伏笔，宏观经济学的总量分析与微观经济学的个量分析的矛盾可以归结为个体主义与整体主义的矛盾,历史主义与抽象演绎主义之争也为宏观和微观经济学的方法论之争埋下伏笔。

1935年德国社会政策学会被纳粹党所镇压而解散,标志德国历史学派组织的解体。这说明德国的民族资本已经演变成大垄断工业资本,不再需要国家主义的经济学去抗衡世界主义的经济学了,此时,历史归纳主义与抽象演绎主义之争也已经转换为实证主义与规范主义之争了,历史归纳主义与抽象演绎主义同属德语国家的经济学方法论,没有成为主流经济学方法论,如萨缪尔森论述经济思想史、布劳格经济学方法论研究均对德国历史学派不置一词。而来自德语背景的熊彼特能够比较客观地阐述这段经济学方法论史。

历史归纳主义与抽象演绎主义之争,表面看起来以历史归纳主义式微暂时结束,但实际上问题只是换了一种形式。既转换成了实证与规范之争,也转换成了个体主义与整体主义之争。实证与规范之争、个体主义与整体主义之争,不过是历史归纳主义与抽象演绎主义之争的继续。关于西方主流经济学方法论的危机,有的学者把它理解和定义为新古典主义与实际"经验"之间的矛盾。① 例如,具有严格理性假定的新古典经济学不能恰当地解释中国转轨经济或改革实践。其实,关于新古典经济学与中国经济事实之间存在矛盾的看法完全具有普遍意义,完全可以推广到更大的范围内。理论范围不局限于新古典经济学,事实范围不局限于中国事实。所谓西方主流经济学方法论危机,就是指整个西方主流经济学理论即新古典综合派的西方经济学与经济事实之间的矛盾,而这个矛盾是西方经济学方法论内部难以克服的矛盾的反映与表现。

形而上学的唯心主义这个与生俱来的、根本性的特征,科学哲学里科学

---

① 邓宏图:《历史唯物主义经济学分析方法的重建——主流经济学的范式危机与范式转换》,载《天津社会科学》,2004年第5期。

与人文背离的缺陷，这两者使西方经济学方法论既表现为历史上的重大之争，也表现为科学与人文的背离。西方主流经济学方法论的内部矛盾是对历史重大之争的承袭，矛盾只是换了一种形式，没有被根本克服。不能由"是"得出"应该"，不能由必然得出应然，不能由事实得出价值。由于是与应该、必然与应然、事实与价值是对立的，价值概念因此成为一个主观概念，而不是科学概念，价值不能由科学推导而来，当然也就不具有客观性。

科学与人文对立的方法论特征，以主流经济学的非人文性体现出来，就是它与伦理学、经济与道德上的对立与割裂。1932年莱昂内尔·罗宾斯的《经济科学的性质和意义》一书从目的和手段的划分，把经济学定义为解决资源稀缺与需求无限之间的矛盾，这个关于经济学研究对象的看法成为占统治地位的看法。"经济学是研究人类社会经济活动以及人们在经济活动中如何进行权衡取舍的学说，资源稀缺性和人的欲望无限性的基本矛盾决定了经济学存在的必要性，使人们不得不作出权衡取舍，以有限的资源来最大限度地满足人们的欲望。"[①] 主流经济学不是以人为研究对象，不是把人的生产、消费、交换、分配等经济活动作为研究对象，不是把这些活动作为因人而生、目的为了人的活动来研究，而是把人与资源的有效配置作为研究对象，把经济活动的目的、把经济学的研究对象抽象成一个与人无关的效率问题。把人与自然一样都作为资源，表面看来似乎强调了人的自然存在属性、人的客观存在性，但这种做法恰恰是反人性的，是方法论上的相对主义。因为它把人下降和还原为自然，取消人的主体性，只强调了人的自然存在性，而忽略了人的社会存在性，不认为人的社会存在性是高于人的自然存在的，因此，这种方法论其结果在经济学中必然体现出非人文性，必然是在方法论的

[①] 盖凯程、李俊丽：《经济学的发展：马克思经济学与西方主流经济学范式耦合刍议》，载《当代财经》，2007年第7期。

形式上大做文章。方法论的相对主义滋生出方法论的形式主义。因此,西方主流经济学表现出大量运用数学的现象,人被抽象成冷冰冰的模型与数学,这种表现在"二战"后更加突出了。诚如有的学者所说:马歇尔、凯恩斯、罗宾斯以后,经济学脱离了现实。当代经济学家们执迷于数学建模,逐渐失去了对经济理论中的伦理之维的兴趣,忘却了真实的社会生活或人类生活。[①]有学者在批评以萨缪尔森为代表的新古典综合派时激烈地认为:经济学的研究对象不是有关稀缺资源的配置,而是不同的人和集团争夺生产和资源的支配权,人与人的冲突才是经济学的主题。[②]"作为经典教材的萨缪尔森《经济学》的宏微观之间压根就没有什么内在联系性"[③],规范经济学与实证经济学之间也是如此。

单纯从科学的角度看,西方主流经济学方法论既不具有科学性,也不是科学的体系。有的学者指出:西方主流学在逻辑推理上违背了社会科学研究的三大逻辑标准:历史逻辑、现实逻辑和数理逻辑,以致"西方经济学的所谓科学性纯粹来自于西方经济学内部的自吹自擂和相互吹捧。西方经济学也无法做到严谨、求实,无法追求和坚持科学的标准,甚至要否定一切科学的标准","西方经济学已经丧失了古典经济学残余的科学性,纯粹成为一种意识形态","西方经济学的假设是伪设,如理性经济人和完全信息假设"。[④]

西方主流经济学的现实基础迫使它始终不敢也不愿触及人的实在性和经济活动的实在性,因为一旦触及人作为物理存在、化学存在、生物学存在的

[①] 韦森:《经济学与伦理学:探寻市场经济的伦理维度与道德基础》,上海人民出版社2002年版,第151、289页。
[②] 韩德强:《经济学与哲学,西方主流经济学的哲学辨析——萨缪尔森经济学批判》,载《哲学研究》,2001年第8期。
[③] [美] J. 斯蒂格利茨:《在中国人民大学的讲演》,载《经济参考报》,1998年8月4日。
[④] 余斌:《马克思主义政治经济学与西方经济学在逻辑上的区别》,载《马克思主义研究》,2008年第6期。

实在性，就最终会引出人与自然统一的基本事实，从而发现人的劳动、人不断积累的剩余劳动是阶级社会发展的动力。因此，西方主流经济学始终不去建立自己与其他自然科学的直接联系，而偏重抽象的数学分析，结果其方法论违背逻辑的趋势不仅没有削弱，局部上反而还在加强。比较有代表性的就是新兴古典经济学里的超边际分析方法。这种方法自上而下分析了价值层面、制度和环境层面、个体自利决策交互行为、个体利益决策。在最下面的也就是第四个层面上，边际分析方法是个体利益最大化的决策方法，但每一个人的边际分析无法解决整体的分工问题，为此，超边际分析用非线性规划的办法，把众多人的总体效益与总费用进行对比分析。简单地说，超边际分析就是将产品的种类、厂商的数量和交易费用等纳入分析框架的分析方法。[1] 由于分工比交换更基本，新兴古典经济学一定程度上抓住了问题的根本，为此，它提出一个全面改造主流经济学的计划，试图建立新兴古典贸易理论、新兴古典企业理论、新兴古典增长模型、新兴古典产权经济学、新兴古典货币理论、新兴古典资本理论、新兴古典景气循环和失业理论，也即经济周期理论，试图取代新古典经济学成为经济学的主流。[2] 但是，在我看来，新兴古典经济学正如其名，只不过是用数学表达的亚当·斯密经济学，也就是它仍然以分工作为最基本的出发点，这一点并不比把交换作为出发点更科学。人类分工的整体性在企业内部通过协作实现，在企业外部的市场经济条件下仍然要通过交换来实现。因此，高鸿业先生以下所批评的，对于新兴古典经济学同样是适用的："所有的西方经济学看起来不同，但都是从简单商品流通出发来研究资本主义宏观经济的运行，也就是说，都是基于个人主义的供

---

[1] 杨小凯、张永生：《新兴古典发展经济学导论》，载《经济研究》，1997年第7期。
[2] 杨小凯：《分工与专业化》，见汤敏、茅于轼主编：《现代经济学前沿》第三册，商务印书馆1999年版，第17—41页。

给和需求的微观前提出发研究资本主义经济的整体运行。问题可以归结为两个：目的是为了达到均衡。（1）总需求是否在充分就业的水平上等于总供给，（2）如果两者不等，那么经济会出现波动，因此西方学者的任务在于提出政策建议消除这样的波动。但资本主义生产的动机是为了获取利润，这一点是包括西方学者在内的一切人士都承认的，它的宏观经济的运行不可能是简单商品流通的过程，也就是实现经济增长，由于新古典综合派不符合现实，因此，其政策效果并不好。"①

这里的问题和困难不在于技术，不在于数学上无法解出众多个人联立的方程组，而在于新兴古典经济学的方法论仍然是拉普拉斯（Pierre-Simon Laplace）的决定论，把个人的总和当作整体，更根本的在于它把人与人的分工及交换作为真实经济活动的出发点，而事实并非如此。人与自然之间的新陈代谢才是出发点。也就是说，人的自由而自觉的、有目的的劳动才是出发点。在劳动与分工的关系上，是先有物质性的生产劳动而后才有交换，先有劳动和劳动产品，才有可供交换的商品。更为严格的是，只有在存在剩余劳动和剩余劳动产品可供交换的前提下，才存在资本占有利润从而占有他人的剩余劳动的可能。有的学者指出，新兴古典经济学对新古典经济学的改进仍然是以资源配置为导向，一个新组织或契约替代旧的组织或契约是因为它具有更高的经济效益，抛开了组织产生及其演进的"历史动因"②。从新兴古典经济学身上我们可以看到，西方主流经济学方法论虽然在时间上属于现代，但其内容上并不现代，作为现代人的经济学家也并不一定就具有现代的思维方式。大前提错了，结论自然不可能正确。因此，新兴古典经济学里出现一

---

① 高鸿业：《萨缪尔森、诺德豪斯著〈经济学〉前言》，见萨缪尔森、诺德豪斯：《经济学》，中国发展出版社1992年版。

② 邓宏图：《组织、组织演进及制度变迁的经济解释——质疑"伪古典化"的"杨小凯范式"》，载《南开经济研究》，2003年第1期。

个冷冰冰的模型,证明"商业循环和失业有积极的生产力意义","没有分工时是不会有商业循环和失业的",这样才会有"自由市场的景气循环是市场的成功而不是市场的失败"。

二、两离的原因

两离的根本原因是西方主流经济学方法论的哲学本质和内在逻辑,即形而上学唯心主义。归纳与演绎、实证与规范、个体与整体这些方法各自的绝对化、极端化以致彼此相互对立,是这种危机的表现与展开。赵磊一针见血地指出:形而上学的唯心主义是西方经济学方法论的本质,西方主流经济学危机是其哲学基础即西方主流经济学方法论的危机,前者是后者的必然结果。他具体指出,适用于任何时代、任何社会的、不变的、永恒的、"理性、利己"的经济人本性假设,社会经济运动就是个人行为的加总及其由此产生的结果。"个人主义方法论"是这个本质的表现。他引用哈耶克(Friedrich August von Hayek)的"进化理性主义"、赫伯特·西蒙(Herbert Alexander Simon)的"有限理性"、美国社会学家格兰诺维特(M. Granovetter)的"嵌入理论"说明哈耶克等人的反叛;因此,从规范方面看,主流经济学存在着用心理解释心理的硬伤;而从实证方面看,行为经济学和实验经济学揭示了与经济人本性假设相反的三个反常:理性反常、偏好反常、利己反常。赵磊从规范和实证两方面的研究成果,用逻辑令人信服地、有力地揭示了西方主流经济学存在着研究范式的危机。他还辩证地指出,西方主流经济学方法论自我否定的演变趋势会导致西方主流经济学的危机。因为西方主流经济学不得不不断地放宽假定,这样一来,唯心的根基正在逐渐遭到侵蚀。

科学哲学本身的缺陷是主流经济学范式科学与人文两离的重要原因。

人既是自然存在，也是社会存在，因此，人是既有自然属性又有社会属性的人，除了人的自然本质而外，人的社会性也是人的本质规定。而经济活动是属于人的活动，没有人就无所谓经济活动，也就无所谓经济学。这就注定以人的经济活动为对象的经济学不能脱离人，既不能离开社会学，也不能离开自然科学。经济学的基本前提来自社会学与自然科学。系统思想表明，人的社会性揭示了人的整体性，经济学如果不从人的整体性出发，不从人与自然统一的整体性出发，就不可能成为真正的科学。

西方主流经济学本身不包含人与自然统一、科学与人文相统一的原则，试图把经济学以外的科学哲学为自己作哲学论证，以此说明自身的科学性，且不说用来论证的科学哲学本身也有缺陷，科学哲学本身也没有完全解决科学与人文的对立，也是不完善的，这个与生俱来的缺陷也就随之进入西方主流经济学范式，主流经济学的范式危机不仅没有克服反而加剧了。

科学哲学属于现代西方哲学的一部分、一个分支，与西方主流经济学同属社会科学分支，应当说两者具有相对独立性，有着各自的演进轨迹和内在逻辑。从科学哲学自身的情况看，科学哲学没有完整地揭示科学作为一个整体的特征，它没有以科学与人文相统一作为自己的原则。

首先，从科学哲学与自然科学的时间先后和相互影响上看，不是先有科学哲学而后自然科学受科学哲学影响而发生变革。恰恰相反，不像康德的星云学说对天体物理的启示那样，20 世纪发生的两大物理学革命都不是在科学哲学的直接影响下发生的。狭义相对论和广义相对论分别于 1905 年和 1915 年提出，海森堡（Werner Karl Heisenberg）、玻恩（Max Born）、约尔丹（Pascual Jordan）等建立了量子力学的矩阵力学形式是在 1925 年，薛定谔建立量子力学的波动力学形式是在 1927 年。一般认为，逻辑经验主义代表着科学哲学兴起，而标志性的卡尔纳普等人的《维也纳学派：科学的世界观》发表于 1929 年。可以看到，科学哲学兴起的时间晚于相对论和量子力学建立的时间，科学哲学兴起时，现代物理学两大革命就已经完成了。受两大物理学革命影响，反而兴起了科学哲学。科学哲学对于自然科学的认识更像事后的登场，是对科学的总结。

其次，尽管不能说理论形态的科学哲学没有出现以前，科学家和科学理论就不具有科学哲学所描述的思维特征和思维方式，但是对于科学哲学是否全面揭示了科学理论的哲学内涵，科学家们并不认可。爱因斯坦就说："他（即科学家，或爱因斯坦自己）在系统的认识论学者眼中必然显现为一个无原则的机会主义者：他显现为一个实在论者，因为他企图描述一个独立于知觉动作的世界；他显现为一个唯心论者，因为他把概念和理论看成是人类精神的自由创造（而不是从经验上给出的东西中逻辑地导出）；显现为一个实证论者，因为他认为他的概念和理论只在它们给感官经验之间的关系提供一个逻辑表象的程度上才能解释得通。他甚至可以显现为一个柏拉图主义者或毕达哥拉斯主义者，因为他认为逻辑简单性的观点是他的研究工作的一种不可缺少的行之有效的工具。"[①] 这里所说的"系统的认识论"即哲学，这段话反映的是一个杰出的自然科学家关于科学哲学的认识。爱因斯坦在这里至少列举了四种影响科学家从而影响科学理论发展的哲学：实在论、唯心论、实证论、理性主义，并幽默地说科学家就像一个机会主义者。这里的唯心论，很难讲应当属于科学哲学范畴。爱因斯坦这段话不仅是对自己思想方法的总结，也是对物理学史的一个总结和把握。当科学哲学家们还在为逻辑经验主义、证伪主义、历史主义等不同的主义争论不休时，科学家们却像文无定法的大艺术家，表现出了更多的灵活性，更少偏执，对于方法论的选择不

[①] 转引自戈革：《译序》，见［丹］尼耳斯·玻尔：《尼耳斯·玻尔哲学文选》，商务印书馆 1999 年版，第 10 页。

一而足，科学家们所采用的方法不是某种特定哲学的结果，而是多种哲学综合的结果，也就是采用综合的方法、整体的方法。对于哲学能否帮助科学，霍金（Stephen William Hawking）的批评就更尖锐了："……另一方面，以寻根究底为己任的哲学家不能跟得上科学理论的进步。在18世纪，哲学家将包括科学在内的整个人类知识当作他们的领域，并讨论诸如宇宙有无开初的问题……哲学家如此地缩小他们的质疑的范围，以至于连维特根斯坦——这位本世纪最著名的哲学家都说道，哲学仅余下的任务是语言分析，这是从亚里士多德到康德以来哲学的伟大传统的何等的堕落！"①

由于科学哲学的上述特征，因此，20世纪60和70年代科学哲学经历了逻辑主义向历史主义的转变，20世纪末又经历了历史主义向后现代主义的转变，但两次重大转变都没有根本摆脱困境，反而存在由盛而衰甚至解体的趋势。一个重要根源在于，无论是逻辑主义、历史主义还是后现代主义，都没有较好地把还原和整体的辩证关系运用于认识中去，没有在两者间保持必要的张力。而这不过反映了科学对科学与人文关系这个大的背景缺少深刻的反思，科学与人文相分离这一科学哲学的本质缺陷，在它的最新阶段反实在论中体现出来。有的学者指出：科学哲学依然停留于空泛地谈论科学的价值、目的和方法及其变化和作用。例如，劳丹在他的《科学与价值》一书中将"范式"的内容明确概括为本体论、方法论和价值论三个层次，当人们进一步追问科学的主要价值、目的和方法究竟是什么？劳丹却回避了这样的问题。他说："读者也许期望我最终不负众望，表明科学的中心价值、目的和方法是什么，或者至少说明它们应当是什么，但恐怕任何这样的期望都可能

---

① [英]斯蒂芬·霍金：《时间简史》，许明贤、吴忠超译，湖南科学技术出版社1996年版，第156页。

会落空。"①

科学哲学有着强烈的科学背景，系统哲学也有着强烈的科学背景，但两者有本质的区别。之所以是科学哲学向系统哲学演进的趋势，而不是系统哲学向科学哲学演进的趋势，或者不是科学哲学与系统哲学交叉，是因为科学哲学与系统哲学的生成和演进路径是不同的。从科学哲学的历史看，科学哲学是以科学理论为研究材料，是以这个研究材料里所包含的逻辑为认识对象，后期的历史主义以科学史为材料纠正了前期的错误。贝塔朗菲既是系统科学的奠基者，也是系统哲学的奠基者。他是逻辑实证主义创始人之一石里克的学生，本身就来自科学哲学，他自述曾经受逻辑实证主义的维也纳学派的影响，而系统思想另一位代表人物维纳（Norbert Wiener）曾师承罗素。但是，系统哲学并不直接脱胎于哲学，它的问题来源于哲学史，而主要内容直接来自横断自然科学的系统科学，是在系统科学基础上生成的。大体可以说，科学哲学是从哲学出发居高临下地研究科学，演进路径是自上而下，而系统哲学的演进路径却是自下而上，是以系统工程、系统科学为基础向上成长出来的。因此，开先河的系统哲学家往往首先是系统科学家，而科学哲学家却不是这样，不少人并不是自然科学家。

不管是哲学界还是经济学界，都对科学哲学的缺陷有着较为一致的认识。对于经济学生搬硬套科学哲学，不少学者提出了批评。樊纲曾试图综合马克思主义经济学与西方主流经济学，丁堡骏指出这种努力的破产。樊纲对苏联范式提出批判，丁堡骏提出反批判时指出：樊纲用来作为大前提的库恩范式论本身存在问题。库恩范式论把科学发展过程中革命性质的突变与量变

---

① 孟建伟：《还原论和整体论：必要的张力——对当代西方科学哲学方法论的反思》，载《哲学研究》，1997年第8期。

截然对立起来，造成新旧科学范式不可通约。①

第三节　主流经济学范式里一定的系统思想

20世纪中叶自然科学出现了系统科学的又一次重大变革。系统科学把不同的自然科学对象看成不同层次而相互联系的实在，如物理实在、化学实在、生物实在，既进一步打破又清楚地划分了自然科学的界限，而这些不同层次的实在之间有着密切的联系，动摇了科学哲学的科学基础，基于系统科学之上的系统哲学也形成了对科学哲学的挑战。科学哲学存在向系统范式演变的趋势，代表就是20世纪70年代末的科学实在论和20世纪末反实在论。

由于西方主流经济学的科学哲学特征，综合西方主流经济学方法论本身的演变以及科学哲学的演变两个方面来看，西方主流经济学方法论包含了一定的系统思想，也存在向系统思想演变的趋势。对此，一些学者有所预感，指出：当今世界经济学分析范式的趋势是全新的系统范式开始逐渐取代分析范式。但是系统思想在主流经济学方法论中的地位和演变的趋势非常微弱，既不占据主导地位，也不是本质性的、主流的演变趋势。

1929—1933年大危机后，西方主流经济学出现了发端于凯恩斯主义的宏观经济学。宏观经济学关注的四大目标、为实现四大目标实行的财政政策和货币政策、收入政策等，就是以国家为经济主体的。它突出了开放经济即在加入国际贸易因素后总体经济系统的运行情况，将经济行为特别是宏观经济行为看成一个开放系统。在货币政策方面，凯恩斯主义特别突出了中央银行

---

① 丁堡骏：《〈"苏联范式"批判〉之批判》，载《当代经济研究》，1996年第4期。本书仅使用库恩的范式概念，暂不涉及他的范式论观点。

货币金融政策对经济的调控和管理职能。

新古典综合派的主流经济学把宏观经济学纳入其中而继续保持主流的地位，扩大了经济学的对象范围，经济学对象的整体性在经济学范式上也有所体现。萨缪尔森指出：经济学研究应当注意总体和局部的关系，避免合成推理谬误。他举了一个例子："你是否曾经注意到，在一场精彩的足球赛中，球迷们为了看得更清楚而站起来的场景？可是当所有的人都站起来的时候，大家都没有看得更清楚些。"① 合成推理的谬误是指"由于某一个原因而对个体来说是对的，便据此认为对整体来说也是对的"。可以看到，这里隐含着"部分之和不等于整体"的系统思想。

主流经济学承认存在市场失灵问题、外部性问题，说明了把经济系统与环境之间的关系结合起来，体现出一定的系统思想。特别出现了代表社会的政府主体，因而相应出现了公共选择理论，也就出现了公共物品。当政府代表社会购买公共物品时，也就一定程度上代表社会，表现出社会性行为，也就是社会系统行为。

然而，由于科学与人文两离的根本特征制约，主流经济学方法论里所包含的系统思想不具有代表性，影响力很弱。最直接的表现就是把实证与规范、事实与价值截然分开，认为两者不能互通，因此，以新古典综合派为代表的主流经济学本质上是排斥现代系统范式的，主流经济学方法论向系统思想演化的可能性极小。而马克思经济学包含着现代系统范式，仅此而论，试图将马克思经济学与新古典综合派为代表的主流经济学做调和或会通有极大的难度，更不要说两者赖以产生的阶级基础、人文和社会科学的背景存在巨大差别。

---

① [美] 萨缪尔森、诺德豪斯：《经济学》第18版，萧琛主译，人民邮电出版社2008年版，第5页。

第十章　现代系统范式视野下的非主流经济学

值得关注的是在主流经济学之外的非主流经济学。非主流经济学既包括比较传统的分支，也包括一些新兴的分支。传统的分支包括历史学派、新老制度经济学等。20 世纪 70 年代，当新自由主义和新古典综合学派上升为主流学派的时候，一些新兴的非主流经济学如雨后春笋，出现了混沌经济学、系统经济学、经济物理学、环境经济学、资源经济学、产业生态学、生态经济学、国际生态经济学、可持续发展经济学、演化经济学、循环经济学等非传统的分支。

非主流经济学也要作区分。

与主流经济学相似，几乎所有的传统非主流经济学，科学与人文背离的形而上学特征同样较为明显。比较典型的如新制度学派，有的学者就指出：科斯等用交易成本变量探究了市场运行的制度安排，但也只是考察制度的效率维度，而从未考虑制度的伦理之维。科斯世界和新古典经济学的一般均衡模型一样，仍然是一种抽象的理论建模，也属于不关心人的理论，其政策后果必然是人与人之间的对立与冲突。[①]

---

① 邓宏图：《历史唯物主义经济学分析方法的重建——主流经济学的范式危机与范式转换》，载《天津社会科学》，2004 年第 5 期。

而在非传统的非主流经济学（有的学者把它们称为异端经济学）中，以经济增长与环境、资源和生态之间矛盾为研究对象的各种非经济学流派影响力渐渐增大。[①] 它们的共同点之一，就是有较多的系统思想。探讨它们的发展趋势，有助于我们全面地把握西方经济学的全貌。

在新兴的、非传统的非主流经济学中，本章重点关注了循环经济学、生态马克思主义等分支。这两个分支一方面较为突出地以马克思经济学作为主要的理论来源和先驱，另一方面，其内容包含了较多的系统思想。从一个方面看，有的学者以循环经济学为例提出自然科学与人文科学联盟的问题[②]，有的学者以马克思生态学作为自然科学与社会科学结合的突破口，作了初步的探索[③]，而有的借鉴生物演化的进展作了探讨，借鉴它们对马克思经济学的现代系统范式认识，可以把握它们与马克思经济学在何种范围、何种程度上会通。从另一个方面看，从系统思想入手探讨这些有代表性的非主流经济学，能够把握西方经济学未来的演变趋势。经济学划分"主流"与"非主流"具有相对性，非主流经济学能否生成新的经济学并成为主流，可以从方法论或范式上作预估。例如，有观点对演化经济寄予了厚望，认为它可能取代新古典综合派主流经济学成为新的主流经济学。这种观点认为，马克思主义经济学除非在自身的范式内进行一些大的"手术"，否则不足以解释发展社会主义市场经济的必要性以及相关联的一些重大问题，因此，今后的经济学是马克思主义经济学和演化经济学的某种创造性的综合转化[④]，提出演化

---

① 杨志：《从经济学与自然科学联盟的角度考察石油问题》，载《经济纵横》，2008 年第 9 期。
② 杨志：《从经济学与自然科学联盟的角度考察石油问题》，载《经济纵横》，2008 年第 9 期。
③ 刘仁胜：《生态马克思主义概论》，中央编译出版社 2007 年版，第 209 页。
④ 孟捷：《演化经济学与马克思主义》，当代马克思主义经济理论国际研讨会论文集，2006 年 3 月。

经济学代表着西方经济学与马克思主义经济学，因而从中国本土意义上代表着中国理论经济学未来的革命①。

第一节 生态马克思主义及其系统思想

一、生态马克思主义概述

生态马克思主义是20世纪中期兴起的一种社会思潮，旨在将马克思主义的基本原理及对资本主义的批判与现代生态学结合，用来分析和解决人类面临的日益严峻的生态问题。到目前为止，生态马克思主义的发展经历了三个阶段：第一阶段以20世纪70年代霍克海默（Max Horkheimer）、阿尔多诺（Theodor W. Adorno）和马尔库塞（Herbert Marcuse）等为代表的生态学马克思主义（ecological Marxism），第二阶段以美国学者威廉·莱易斯（William Leiss）和加拿大学者本·阿格尔（Ben Agger）为代表的生态社会主义（ecosocialism），到"西马"演化的法兰克福学派阶段，第三阶段是20世纪90年代以福斯特为代表的马克思的生态学（Marx's ecology）。②

在第一阶段里，马尔库塞初步阐述了资本主义的生态危机。他认为，资产阶级贪婪的本性不仅使资产阶级通过高生产高消费疯狂地剥削和掠夺无产阶级，还在追求最大化利润的过程中利用技术理性使大自然屈从于商业组

---

① 贾根良：《中国经济学革命论》，载《社会科学战线》，2006年第1期。
② 刘仁胜：《西方马克思主义对马克思与生态学关系的阐释》，载《延边大学学报（社科版）》，2003年第1期。

织，迫使自然界成为商品化了的自然界，破坏了人类与自然之间的生态平衡，直接危害到人类自身的生存。

生态社会主义是生态马克思主义的第二阶段，其特点是政治运动先于理论，是在现实运动基础上演进出的理论。为抛弃资本主义的人类中心主义和技术中心主义，生态社会主义学家大卫·佩伯（David Pepper）、安德烈·高兹（Andre Gorz）和劳伦斯·威尔德（Laurence Velde），一方面吸收绿党和绿色运动的生态学、社会责任、基层民主和非暴力等基本原则上，另一方面研究了马克思的人与自然关系的辩证法，他们指出：生态危机的根源归结于资本主义制度造成的社会不公和资本主义积累本身的逻辑。1997年詹姆斯·奥康纳（James Richard O'Connor）提出了资本主义社会同时存在经济危机和生态危机的双重危机理论。奥康纳把马克思主义关于资本主义的基本矛盾概括为第一类矛盾，而把资本主义生产的无限性与资本主义生产条件的有限性之间的矛盾称为第二类矛盾，第一类矛盾主要是资本主义生产力与生产关系之间的矛盾，而第二类矛盾则是资本主义生产力、生产关系与资本主义生产条件之间的矛盾。第一类矛盾和第二类矛盾相互作用，共同存在于全球化资本主义体系当中，形成了资本主义的双重危机——经济危机和生态危机。

马克思生态学是生态马克思主义发展的第三阶段。马克思生态学认为，生态学马克思主义是将现代生态学原则嫁接到马克思主义，而生态社会主义更多地侧重于从社会学和政治学出发，把马克思经济学作为一个前提，由于社会系统和政治系统是建立在经济系统之上的，而生态社会主义则是将社会主义嫁接到现代生态运动，生态社会主义对于马克思经济学的研究更像是制度分析。这两种嫁接都不能够彻底解决现代资本主义社会所面临的生态灾难问题。因此，不能有力地解释和研究马克思经济学中的生态思想。针对上述问题，福斯特回到了唯物主义传统，在重新比较生态学的唯物主义起源和马克思主义经济学唯物主义传统的基础上,于 2000 年提出了马克思的生态学概念,认为马克思也是一位生态学家。福斯特围绕着自然与人的关系、自然与社会、生态学的科学性三个问题做了展开。他指出了唯物史观——马克思唯物主义自然观——马克思生态学思想的路径,而马克思生态学思想在自然和社会的关系问题上可以集中概括为"自然和社会的新陈代谢",自然和社会关系的恶化即自然和社会新陈代谢的断裂。他转述绿党的主张"代表了体现自然自身价值的'新范式',一种超越历史,阶级局限的方式",鲜明地批评了这种环保主义因无阶级倾向而具有的局限性。事实上,他用自己所在的俄勒冈州原始森林斗争的教训为例,用翔实的数据说明:"今天,阶级与生态的两难困境没有哪里比西北太平洋沿岸地区表现得更为明显",并提出:"土地肥力危机问题的中心人物是德国化学家尤斯图斯·冯·李比希,但对其更广泛的社会含义剖析的最为深刻的人是卡尔·马克思。"①

二、生态马克思主义中的系统思想

生态马克思主义方法论的基本特征是回到了马克思主义的唯物主义传统,把马克思主义对资本主义的批判性与现实的生态环境危机结合起来分析,把人类社会系统与自然环境之间的关系问题置于资本主义经济的现实背景下,大大推动了马克思经济学范式研究沿生态学向自然科学方向的前进。

生态马克思主义比较突出的系统思想特征在于它挖掘了马克思主义经济

---

① [美] J. B. 福斯特:《生态危机与资本主义》,耿建新、宋兴无译,上海译文出版社 2006 年版,第 97—98 页,第 149 页。中国有学者认为:"无论奥康纳的双重危机理论还是克沃尔革命的生态社会主义都有将马克思主义生态化的倾向,福斯特与伯克特关于马克思的生态学理论尤为突出。福斯特与伯克特关于马克思的生态学理论实际上是用人类与自然之间的矛盾取代了人类之间的矛盾。"作者也许没有注意到福斯特的这些论述。(见刘仁胜:《生态马克思主义概论》,中央编译出版社 2007 年版,第 168 页)

学的生态学意蕴，坚持了马克思的共产主义原则，突出宣扬了共产主义的内涵，即共产主义是人的实现了的自然主义和自然的实现了的人道主义，共产主义才是解决一切生态问题的最终出路。在人与自然的关系上，生态马克思主义指出，现代西方生态学中的人类中心主义与生态中心主义之争，完全可以用马克思的唯物主义给予解释。马克思的唯物主义自然观确立了人是自然的组成部分而自然是人化自然的思想，而劳动作为人与自然之间进行交换的中介。指出交换价值的存在使资本积累成为生态危机的主要原因，资本主义市场的存在使生态危机从国内扩张到全球，这里已经包含着世界经济整体性的内涵，也就指出了生态危机的全球性，相当程度上揭示了资本主义经济危机与全球生态危机的联系，说明不仅资本主义经济危机可以导致生态危机，而且生态危机也可以导致经济危机。揭露了发达资本主义国家资本主义市场实行生态殖民主义，通过世界市场来掠夺全球资源和输出污染。

生态马克思主义一定程度上提示了自然与社会之间的耗散结构特征和循环特征。生态马克思主义在阐释马克思的有关理论时指出，资本主义社会中土地的肥力受到人口的剥夺而无法恢复，而同时资本主义大工业迫使人口向工业城市流动，把农村土地上的肥力以谷物的方式带走，而以排泄物的形式留在城市的排泄系统中，造成人口与土地物质代谢的中断。资本主义原始积累对土地的剥夺、资本主义财富的积累造成的贫富分化和对立以至社会再生产的中断，破坏了社会内部、自然与社会之间的物质循环或者代谢，造成了断裂，因而破坏了自然与社会组成的生态系统。由于资本主义生产方式是导致人与自然之间新陈代谢断裂的主要原因，因而新陈代谢是引起生态环境恶化的直接原因，因此，共产主义和循环经济是恢复人与自然之间新陈代谢关系的根本选择。

第二节 循环经济学及其系统思想

一、循环经济学概述

20世纪60年代西方资本主义发达国家面临着进一步提高综合经济效益、避免环境污染的问题，为了应对这方面的问题，美国经济学家、系统思想家博尔丁（Kenneth E. Boulding）以生态经济理念为基础，提出了重新规划产业发展的新型的循环经济发展思路，循环经济（cyclic economy）概念和循环经济学由此产生。

目前学界大多数所认可的循环经济是：循环经济即物质闭环流动型经济，是指在人、自然资源和科学技术的大系统内，以清洁生产要求及3R（Reducing减量化、Reusing再利用、Recycling资源化）原则，以资源的高效利用和循环利用为目标，在资源投入、企业生产、产品消费及其废弃的全过程中，把传统的依赖资源消耗的线性增长，转变为对物质资源及其废弃物实行综合利用，依靠生态型资源循环发展。

传统经济是"资源—产品—废弃物"的单向直线过程，创造的财富越多，消耗的资源和产生的废弃物就越多，对环境资源的负面影响也就越大。与传统经济相比，循环经济以物质闭路循环和能量梯次使用为特征，要求把经济活动组成一个"资源—产品—再生资源"的反馈式流程，按照自然生态系统物质循环和能量流动方式运行，实现污染的低排放甚至零排放，保护环境，实现社会、经济与环境的可持续发展。

循环经济学是理论性和实践性都较强的新兴分支。20世纪90年代循环经济的思想开始进入我国，中国的循环经济不仅在理论上有很大进展，在实践上也在大力加强。1998年引入循环经济概念，确立"3R"原理的中心地位；企业层面的小循环、区域层面的中循环、社会层面的大循环。1999年从可持续生产的角度对循环经济发展模式进行整合；2002年从新兴工业化的角度认识循环经济的发展意义；2003年起实施了《清洁生产促进法》，2003将循环经济纳入科学发展观，确立物质减量化的发展战略；2004年提出从不同的空间规模：城市、区域、国家层面大力发展循环经济，中共十六届四中、五中全会决议明确提出要大力发展循环经济，把发展循环经济作为调整经济结构和布局、实现经济增长方式转变的重大举措，"十一五"规划把大力发展循环经济、建设资源节约型和环境友好型社会列为基本方略。2009年起实施《循环经济促进法》。

中国循环经济的理论研究和实践不断深入，中国的循环经济学研究后来居上，处于世界循环经济学的主导地位。中国的循环经济学不仅是推动我国循环经济发展的主导力量，而且也是推动世界循环经济发展的主要力量并由此而成为世界性研究中的主流。从国内外循环经济学的研究现状看，国外的研究更不多，状况不如国内。在西方不被主流经济学重视，而中国的循环经济学虽然领先于世界，但同样不被主流经济学重视，自身发展也遇到了理论困难，这背后反映出深刻的现实原因。因为发达的资本主义生产方式依然是社会的现实基础，也就是以"资本"为主体、以市场为资源配置方式、以获取资本高额利润为目标、以不惜牺牲发展中国家人民利益为手段的生产方式依然占统治地位。市场化的资本主义经济制度与生产方式的内在特性是反循环经济的，市场化的资本主义前提与循环经济的前提是内在冲突的，作为理论反映的循环经济学自然不可能有充分发展。以美国为例，美国人口不到全球人口的 5%，但其所排放的二氧化碳却占全球排放量的 25% 以上；一个普通美国人每年要消耗 8000 磅石油、4700 磅天然气、5150 磅煤炭和 0.1 磅铀，一个美国就消耗了 25% 的世界总能量。[①] 而中国的主流经济学虽然与西方的新古典综合派主流经济学有区别，但同样不关注不从事这方面的研究。

二、循环经济学中的系统思想

博尔丁虽然师从罗宾斯，但学术方向有变化。他既是循环经济学的创始人，也是系统论的创始人之一。循环经济学运用了系统科学的成果，因此，循环经济学的方法论里包含了一定的系统思想。循环经济学把地球看作一个生态经济大系统，并从系统层次性的特征出发，把人类的经济活动由低到高分成三个层面：物质流、物质经济代谢、产业代谢。其中，生产和消费是经济过程的生命过程，价值维持经济生命过程的功能，物质流是效用的载体。循环经济学运用了系统层次性原理来分解人类的经济活动，包含了系统循环，体现出了一定的超循环特征，物质流、物质经济代谢、产业代谢形成一个由低到高的层级循环。

物质经济代谢过程是循环经济的微观层次，这个层次上的物质流是社会经济因素和生物物理因素重合作用的交叉点，是引导循环经济从"循环"走向"经济"的关键，是连接经济系统与自然生态系统的纽带，经济系统通过物质流与周围自然环境之间发生交换关系，因此，经济系统的代谢过程是由生物物理规律和经济规律共同作用的，经济系统的物质流的分析和调控是循环经济学的重点，进入经济系统的物质流是持续为经济行为主体提供效用的

---

① 杨志：《对循环经济的理论思考——基于马克思主义经济学视角》，载《教学与研究》，2007 年第 11 期。

过程，经济过程代谢的核心功能是维持经济系统的运行以及人类的生存和生活，产业代谢是基于人类对所利用资源的绝对稀缺性的考虑而发展起来的。

从经济系统的产业活动与生物学代谢过程的类似性出发，产业代谢把经济系统本质上看作是一个代谢管理机制（Metabolic Regulatory Mechanism）。产业代谢的本质就是在一定的稳态条件下，覆盖原料投入、能源投入、劳动投入，生产最终产品和废弃物的物理过程的集合。经济系统的生产和消费过程的稳定并不是脱离周围环境的自我调节过程，人在其中发挥两个重要作用：作为劳动力资源投入和实现经济系统的消费功能。经济系统通过价格机制来实现产品市场和劳动力市场的供需平衡，经济系统中价格的作用相当于生物学代谢过程中信息的作用。产业代谢充分关注经济系统运行和发展的物质基础。产业代谢主要运用流分析方法（Flow Analysis）。该方法通过确认和评价所有可能的物质流流动路径以及其他与物质流相关的影响，来分析产品（原料）的生产（流动）过程。其中以物质流分析（Substance Flow Analysis，SFA）和原料流分析（Material Flow Analysis，MFA）两种分析方法较为常用。这两种方法都是从生物物理角度来认识问题[①]。

第三节 对生态马克思主义和循环经济学的展望

生态学原理是循环经济学的理论基础之一，生态经济与循环经济的本质是一样的。如果说生态马克思主义是基于马克思主义经济学视角对生态危机作分析，那么，循环经济学则侧重于提出解决危机的可能模式。生态马克思

---

① 李慧明．王军锋：《物质代谢．产业代谢和物质经济代谢——代谢与循环经济理论》，载《南开学报》，2007年第6期。

强调了资本主义生产方式和制度下人与自然之间新陈代谢的断裂,而循环经济学强调了物质的再利用。但是循环经济学的产业代谢所涉及的物质流分析方法,仅仅关注了物质流动的生物物理特性,对于经济、社会因素还没有给予足够的关注,大多数分析集中在区域内的物质元素层次,因此,生态马克思主义与循环经济学方法论的系统思想还有着相当的局限性,这主要体现在它们对价值循环的重视不够,因而,从使用价值和价值的双循环统一的角度研究不够。这样它们对作为价值的资本运动揭示得就不充分,对资本的本性也揭示得不够充分。生态马克思主义就把消除生态危机作为目标,消除资本主义经济危机变成了手段,例如,克沃尔(Joel Kovel)革命的生态社会主义将生态理性作为对抗资本主义、实现生态社会主义的工具和手段,结果缺失了阶级分析,也就是没有了暴力革命的主体。[①] 揭示显得过于宏观,缺少必要的环节。而循环经济学则有意无意地忽视了:经济循环不仅是物质经济代谢过程,也是资本产生和再生产的循环运动过程,它所要达到的三个目标,均要受制于资本的本性。

在资本主义市场经济框架下,"剖析人与自然、人与社会的关系中研究循环经济,要用价值矛盾分析方法来研究循环经济,要用经济二重性原理来研究循环经济"[②]。不仅应当研究物质流动也就是物质循环,更主要的是应该研究价值循环。不仅应该研究价值流,而且还应该研究资本循环。我们知道,一方面,作为价值的资本在不同国家间的流动,从一个国家输出到另一个国家,往往首先采取了货币资本的形式,资本在世界范围内的流动越广,世界各国之间的联系与矛盾从而整个人类与自然界之间的联系与矛盾也就越深刻。另一方面,资本的本性是通过占有剩余价值占有剩余劳动,资本的运

---

① 刘仁胜:《生态马克思主义概论》,中央编译出版社2007年版,第170页。
② 贾华强:《论循环经济研究的马克思主义方法论》,载《经济纵横》,2008年第8期。

动不可避免地会导致资本主义经济危机，生产过剩所造成的全球范围内的人力资源、物质资源、自然资源的巨大浪费，以及人文环境与生态环境的不断恶化，正是资本对雇佣劳动从而对人类劳动的剥削推向整个自然界压榨的结果，因此，循环经济所要求的生产和消费的废物回收利用，同样要符合资本本性的要求，如果这种回收利用不能给资本带来剩余价值也就是利润，那么，废物回收利用就是不可能的，经济的循环就可能中断。[①] 可见，马克思对资本主义经济危机的论证和预言，已经暗示了循环经济的中断，这也就是生态马克思主义所说的新陈代谢的断裂。资本主义生产方式和制度是当前循环经济最大的障碍，不解决这个障碍，人与自然的和谐与统一就是不可能的。

[①] 据大武夷新闻网2009年4月8日的报道，2009年4月9日下午，福建凯圣生物质发电公司110千伏输电线路与福建电网并网后顺利通过72小时满负荷试运行。因福建省光泽县是全亚洲最大的白羽肉鸡养殖基地，发电厂以鸡粪废弃物为原料，平均每天处理近1500吨的鸡粪和谷壳混合物，把全封闭原料仓里的鸡粪混合物输送到800℃以上的CFB（循环）锅炉燃烧热处理，而后在返料器加工，生产出来的热气经多次风系统处理后，通过过热蒸汽机转发为电能，部分用于供热。燃烧留下的灰渣作为有机肥及复合肥原料，同时还可以作为水泥厂原料。鸡粪热利用率高达92%，年发电量1.68亿度，节约煤近11万吨，每天为水泥厂提供20吨原料，保护了闽江的一处水源地。（http://www.wuyishan.gov.cn/infoopen/inforead.aspx?id=35079）

后 记

谨以此书献给约翰·贝拉米·福斯特和赵磊老师。

有人曾问我：研究马克思经济学的现代系统范式，它的现实意义在哪里？或者说，如何与历史、现实、其他应用经济学结合？我以为，除了前文中述及的一些内容外，除了个人兴趣外，从系统与环境的关系看，充分理解我们所继承的历史、理解包括人文和自然在内的当下所处的现实环境，应当是理由之一。

如果说，机器大工业或者说机器系统是资本主义生产方式的典型代表，是资本主义社会演变的序参量，《资本论》第一卷花了很大篇幅作了论述，而马克思发现了剩余价值从而发现了现代资本主义生产方式和它所产生的资产阶级社会的特殊运动规律，那么，在近现代诸多西方思潮中，历史上小农经济长期为主的中国为什么选择了马克思主义？如果说，马克思主义的普遍真理与中国革命的具体实际相结合或者说马克思主义中国化是中国革命成功的理论基础和行动指南，那么，中国经济史或中国经济思想史能否提供更深层次的原因？具体而言，在很长一段时间里，铁犁牛耕是典型的中国古代农业的生产力系统，中国的农业文明曾经灿烂辉煌并领先于世界；那么，中国古代经济思想是否也像中国古代农业生产力系统、中国古代农业经济一样发达？是否曾影响过西方、对西方的经济学有所贡献并成为马克思经济学的来源之一？此外，如何看待中国小农经济的历史地位和积极、消极作用？①

如果说重农学派是政治经济学的鼻祖，那么，中国的重农经济与重农思想对重农学派的影响、重农学派对于剩余价值理论的影响，这方面的研究就变得很有意义了。20世纪60年代，蔡中杰与邓克生就此有过学术争鸣②，90年代初李善明与兰宗政再次展开了学术争鸣③。几乎与此同时，谈敏开始了填补空白的研究：中国传统思想，特别是中国传统经济思想与法国重农学派的联系。

胡寄窗指出，西方经济学渊源于古希腊罗马的"欧洲中心论"，在中外经济学家的头脑中一直占据着排他的、支配的现象，80年代还说不上研究中国经济思想曾对西方经济学产生过什么影响。即使从80年代到现在，英美主流经济学也依然占据了经济学的统治地位，不要说马克思主义政治经济学，就是法德经济学也受冷落，法国重农学派的思想来源这样一个冷门题目就更无人问津了。谈敏研究的目标是：法国重农学派是否受到中国经济思想

---

① 如，黄世瑞认为中国古代和法国都重农，并引了马克思的相关论断，认为"中西同是重农，对社会的影响却迥然不同，中国古代重本抑末思想和政策是处于封建社会上升时期，它代表了新兴地主阶级的利益，对巩固封建制度起了积极作用，但由于它强化了个体小农业与家庭手工业相结合的自给自足的自然经济，是资本主义产生的阻力之一。相反，西方重农主义学派却是处在封建社会没落时期，代表了新兴资产阶级的利益和要求，反映的是新兴资产阶级思想意识……故西方重农主义学派与中国古代的重农不同，它是有封建主义外观而实际上是资产阶级性质的"，他的结论是："中国古代重农思想家却是地地道道代表地主阶级维护封建主义的，这是我们应当注意的。"这就涉及中国的小农历史地位和作用。而作者只是平行列举了一些观点，缺少对中国古代重农思想与法国重农思想之间关系的考评。（见黄世瑞：《中国古代重本抑末与西方重农主义的考察》，载《农业考古》，1990年第2期）

② 邓克生：《不能用重农主义学派的观点来说明农业是国民经济基础的原理》，载《经济研究》，1962年第2期。蔡中杰：《超越于劳动者个人需要的农业劳动生产率是一切社会的基础——与邓克生同志商榷》，载《经济研究》，1962年第5期。陈其人没有涉及重商主义派的来源问题。（见陈其人：《重商主义派、重农主义派和古典派剩余价值理论简评》，载《学术月刊》，1958年第3期）

③ 兰宗政：《〈剩余价值理论〉不是从重农学派开始研究的》，载《学术月刊》，1989年第4期，但是作者对历史与逻辑相统一的方法理解不够完整，没有提马克思《1857—1858经济学手稿》中剩余劳动与剩余价值思想的关系问题。而李善明紧接着就提出了不同意兰宗政关于政治经济学史始于斯图亚特的看法。（见李善明：《政治经济学史的起点绝非斯图亚特》，载《学术月刊》，1990年第4期）

的影响、这种影响到何种程度。他先由大环境到代表人物，考察分析了17、18世纪中国文化西传的过程以及风靡欧洲的历史背景，具体指出：出现了富于中国传统文化特色的罗柯柯时代，德国的莱布尼茨及其弟子沃尔弗，法国的伏尔泰、孟德斯鸠、狄德罗等大思想家深受中国传统文化影响并极力推崇中国传统文化，揭示了笼罩在法国重农学派的中国传统文化氛围，重点探讨了法国重农学派两个代表人物魁奈和杜尔哥受到中国传统文化的影响，特别是魁奈甚至被称为"欧洲的孔子"。他没有笼统地阐述中国传统文化对法国重农学派的影响，而是从构成重农学派的几个核心思想和概念入手，一一将其与欧洲传统文化与中国传统文化作了比较，这些核心思想和概念是：自然秩序思想、《经济表》、自由放任思想、纯产品学说、土地单一税、人口思想、财产所有权。鞭辟入里、令人信服地论证：中国传统文化是法国重农学派思想的重要来源。他认为，魁奈的纯产品概念和学说作为重农主义理论的核心，在以前的西方从未有过，基本上来自中国古代的重农思想。①

而巫宝三也要言不烦地探讨了中国古代经济思想对法国重农学派经济学说的影响问题，得出了与谈敏不同的结论。他认为：法国重农学派创始人魁奈的自然秩序思想和重农观点形成的渊源，应溯自古希腊经过中世纪以来发展的欧洲学术思想，而绝非主要由于接受中国古代学术思想的结果；法国重农学派与中国古代传统经济思想是属于外观相同而实质相异的两种思想的汇合而产生的一种激发作用。②

---

① 胡寄窗《序》和谈敏的有关论述，均见谈敏：《法国重农学派学说的中国渊源》，上海人民出版社2014年版。
② 巫宝三：《中国古代经济思想对法国重农学派经济学说的影响问题的考释》，载《中国经济史研究》，1989年第1期。

近 30 年国内对此问题仍然有研究，从部分代表性文献看①，无论是广度还是深度，大体不出谈敏与巫宝三所述。

从经济思想史的角度探讨法国重农学派受到中国传统经济思想的影响，意味着马克思经济学原本就有中国古代经济思想的基因、有部分的中国渊源，间接说明马克思主义中国化有着"出口转内销"的内在文化根据。这只是论证的一方面。如果能加点"理"的角度、从科学的角度阐明这种影响，立论就更完整了。这样做不仅能丰富问题的认识角度，既要摒弃"欧洲中心论"，也不需要"东方中心论"，而且也能加深对中国小农经济科学性特征的认识。② 也许能论证一个更宏大的问题：东学西学，原为一学。

如果说法国重农学派的基因很大程度来自中国，那么，由一位研究农业史和中国经济史的学者来揭示马克思经济学劳动的新陈代谢特征，真是恰如其分，是偶然中的必然。李根蟠鲜明地提出：马克思所说的"物质变换"即"新陈代谢"，以此为基础，界定了以自然为主体自发进行的"自然生产"与以人为主体由劳动启动、导引和调控的"社会生产"，如物质生产、精神生产、人

---

① 王同勋、唐任伍：《中国古代的重农思想和法国的重农主义》，载《经济科学》，1988 年第 5 期。唐任伍：《中国传统经济思想对法国重农学派的影响》，载《传统文化与现代化》，1997 年第 5 期。王浩斌：《被遮蔽的重农学派：从〈回到马克思〉的研究思路说起》，载《南京社会科学》，2005 年第 2 期。李军：《西方经济思想的中国渊源——基于文献的初步回顾与总结》，载《古今农业》，2008 年第 1 期。顾海良：《经济思想历史的"自我批判"与"历史路标"——马克思经济思想史学观探讨》，载《经济学家》，2013 年第 8 期。张盾、袁立国：《论马克思与古典政治经济学的理论渊源》，载《哲学研究》，2014 年第 3 期。顾海良：《马克思对经济思想学派的评论和分析及其意义》，载《经济学家》，2014 年第 6 期。耿兆锐：《法国重农学派视野里的中国形象》，载《中国经济史研究》，2015 年第 4 期。熊金武：《经济思想史上的"李约瑟之谜"——理解中国传统经济思想变迁的一个框架》，载《贵州社会科学》，2015 年第 4 期。作者提出了一个问题："中国经济思想史上'李约瑟之谜'表述为：在 18 世纪中期以前，中国古代经济思想范式为何能够有效地支撑中国经济发展和繁荣，居于区域领先地位？"可是文章分析了很多因素，恰恰没有分析重农的生产系统。（林光彬：《我国是古典政治经济学的创始国》，载《政治经济学评论》，2015 年 9 月）

② 如，张弛的研究已经预示着这种迹象。他认为，以牛顿为代表的刚开始发威的西方科学与当时传到西方的中国古代优秀文化共同促成了西方经济学的发展。当然，他只是从中国古代文化的一个方面入手。见张弛：《重农主义与中国的"自然法"》，载《学术界》，2013 年第 2 期。

才生产、人口生产、环境生产，而这两类不同的生产是两类不同的自然生产力的表现。李根蟠强调了与自然生产相联系的是自发的"自然生产力"，与社会生产相联系的是包含自然生产力的"社会生产力"，并且强调了马克思的"一切生产力最终归结为自然力"；并对重新回到农业的"自然生产力"做了阐述。他进一步把中国古代农业发展中的"自然生产力"具体化为天（阳光与四季运动）、地（水与土）、生（人与其他动植物）的系统运动。①

约翰·贝拉米·福斯特在阐述土地肥力会因资本主义制度而造成人与自然之间的"新陈代谢"断裂之后，在介绍非资本主义世界的经验时指出："在毛泽东领导下的中国情况不同，中国人均可耕地面积极低，却有精心循环利用养料以保持土壤肥力的悠久传统（李比希在19世纪已注意到这一点）。毛泽东重视每一地区粮食的自给自足，从而强化了养料循环的实际落实，加之鼓励地方工业的发展，所以在放缓城市化进程的同时，促进了农业生产的快速发展。并认为："马克思写道，一个符合人性的、可持续的制度应该是社会主义的，并且，它应该建立在稳固的生态原则基础之上。"②

那么，尚未从小农经济彻底转型的当今中国值得世界期待吗？

对曾给予我各种帮助的所有人恕不一一列举，在此一并致谢。

生也有涯，知也无涯。本书在所难免的错误，敬请读者批评指正。

李节
2018 年 3 月 14 日

---

① 李根蟠：《自然生产力与农史研究（上）》，载《中国农史》，2014 年第 2 期；《自然生产力与农史研究（中篇）——农业中的自然生产力和自然生产率》，载《中国农史》，2014 年第 3 期；《自然生产力与农史研究（下篇）中国传统农业利用自然生产力的历史经验》，载《中国农史》，2014 年第 4 期。

② ［美］J. B. 福斯特：《生态危机与资本主义》，耿建新、宋兴无译，上海译文出版社 2006 年版，第 163、165 页。